钱穆先生著作系列

中国文化精神

钱　穆◎著

大字本

九州出版社

JIUZHOUPRESS

图书在版编目（CIP）数据

中国文化精神 / 钱穆著. -- 北京 ：九州出版社，
2017.10
　ISBN 978-7-5108-6312-7

　Ⅰ．①中… Ⅱ．①钱… Ⅲ．①文化精神－研究－中国
Ⅳ．①G02

中国版本图书馆CIP数据核字（2017）第261683号

中国文化精神

作　　者	钱穆　著	
出版发行	九州出版社	
地　　址	北京市西城区阜外大街甲 35 号（100037）	
发行电话	(010)68992190/3/5/6	
网　　址	www.jiuzhoupress.com	
电子信箱	jiuzhou@jiuzhoupress.com	
印　　刷	三河市九洲财鑫印刷有限公司	
开　　本	710 毫米 ×1000 毫米　16 开	
印　　张	16	
字　　数	146 千字	
版　　次	2017 年 12 月第 1 版	
印　　次	2017 年 12 月第 1 次印刷	
书　　号	ISBN 978-7-5108-6312-7	
定　　价	42.00 元	

中國文化精神

錢穆

新校本说明

　　钱穆先生著作简体新校本，经钱胡美琦女士授权出版，以钱宾四先生全集编辑委员会所编《钱宾四先生全集》繁体版为本，进行重排新校，订正其中体例、格式、标号、文字等方面存在的疏误，内容保持《全集》版本原貌。

　　《中国文化精神》汇集了钱穆先生关于中国文化的讲演词。一九七一年春，钱穆先生受邀讲授"中国文化精神"一课，前后共十三次，本书即由讲演词整理而成。整编全集时，又于第四、第五、第十篇讲稿下，增附先生当年所写之讲演大纲。

九州出版社

目 录

序

余迁居来台，即曾在空军各基地作过一番巡回演讲，又增以在三军参谋大学、海、陆、空军官校之演讲，共成《中国文化十二讲》。此为余对当前军人作有系统的文化演讲之第一集。今年海、陆、空三军之军官集合为莒光班，轮番受训，余应萧政之教育长之邀约，随班讲"中国文化精神"一课程，前后十三次，汇印成册，此为余对当前军人作有系统的文化演讲之第二集。莒光班此一课程，此下仍将继续，政之嘱余改定总题为"中国文化对世界之责任"，余已应其请，仍当随班络续分题讲述，将来再以汇印，将为余对当前军人有系统的文化演讲之第三集。①

闻鼙鼓而思将帅。今者国难当头，保护国家，捍卫文化，惟我军人担当了莫大的责任。惟能对国家民族传统的文化有信心，始能对保护捍卫当前的莫大责任有勇气。余对中国传统文化之深博伟大，所知甚浅。然自问爱国热忱，则自幼年迄于今兹，从未后人。凡我所讲，无不自我对国

---

① 原编者按：此书出版不久，莒光班人事有变动，先生未再对军人有系统之文化演讲。

家民族之一腔热忱中来。

我之生年，在前清光绪乙未，即《马关条约》台湾割让日本之年。我之一生，即常在此外患纷乘，国难深重之困境中。民国元年，我即在乡村小学教书。我之稍有知识，稍能读书，则莫非因国难之鼓励，受国难之指导。我之演讲，则皆是从我一生在不断的国难之鼓励与指导下困心衡虑而得。

我敬愿以此一腔热忱，以此稍许困心衡虑之所得，贡献于当前负保护国家捍卫文化之大任的军人们。并愿仍鼓余勇，以追随于我可敬爱之军人之后，同为当前国难善尽我所能追随之贡献。

一九七一年七月

一　中国文化精神

一

　　萧教育长要我在此班上讲"中国文化精神"，每次讲两小时，我想将此题目做一个连续讲演，这次讲了，下次接着往前讲，每讲都记录下来，诸位不能按期听，但可每期看纪录。

　　前几年，我在空军各基地讲演，曾有《中国文化十二讲》一书，亦用此方法，或许诸位都看到。另有一部《中国文化丛谈》，里面大部分都是多年来在台各方面的讲演，又一次在成功大学讲"史学导言"，[①]虽是讲历史，实在主要也是讲中国文化问题。希望诸位把此三书作参考。我此下所讲，在大的意义上，不能同上述三书有很大出入，但我讲话将尽量避免重复。

　　今天第一讲，即以"中国文化精神"为题，此下虽每一次换一题目，但只是在最开始的题目下作不同的讲演而已。

---

　　① 原编者按："史学导言"四讲已收入《中国史学发微》一书中。

二

我们要讲中国文化，应该分两面讲：

一是知识问题，究竟中国文化是什么？

二是评判问题，究竟这种文化，要得要不得，该发扬不该发扬？

我们先得认识了中国文化是什么，才能讲到中国文化的价值优点在哪里？缺点在哪里？与其如何光大与改进。但此两点实也分不开，有时还得混在一起讲，不能严格作区别。

我们先讲什么是文化？依照普通意见，文化就是我们的"人生"，只是并不指我们每一个人各别的人生，乃是指的一个大群集体的人生。此一大群集体的人生，乃是我们的共同人生。惟有"共同人生"乃可称之为文化。但此共同人生，则必经长时期变化酝酿而来。

也可说，大群人生乃是一种"公生活"。个人人生则只是一种"私生活"。我们此刻说：文化即是长时期的大群集体公共人生，而中国文化，则是中国人或是中国民族经过了四五千年长时期变化蕴积而到今天之所成。如此说来，诸位便知这问题很复杂，不简单，不是三言两语可尽。我将尽我所知，一次一次慢慢讲下。此一知识，既难顷刻即得，而欲下评判，更该审慎将事。

远在四十年左右以前，即有人讲中国文化，历举了八项，如太监、女人裹小脚、娶姨太太、鸦片烟、麻雀牌等，认为这些便是中国文化，而中国文化也不过这些。当然我们不能否认，这些都在中国社会上出现，便是中国人生中一貌相。而且有些也经历了相当的长时期，如中国政府中有宦官，如中国家庭里有妾侍，经过时期皆不短。即如女人裹小脚，也就有一千年上下。我们不能不说在中国文化中有此诸种现象。但我们至少要问，中国文化是不是就是这几件？中国人生是不是就是这几桩？当时讲这话的人，他只要我们知道中国文化根本要不得，所以如此讲。只可说乃是由意见来选定知识，不是由知识来决定意见。我们当知，太监、姨太太并不即是中国人的公生活。中国传统政府，重要的不在有太监；中国传统家庭，重要的不在有姨太太。哪能轻率凭此判定中国文化就是如此。然而讲此话的人，乃是我们四十年来中国社会乃至学术界所公认的大师，狂妄的诬蔑中国文化，无宁在此几十年来中国人的共同心理上，欢迎胜过了厌弃，此是当前一大问题。我们来讲中国文化，此四十年来这一心理问题不该不注意。

　　我们今天，能不能在讨论中国文化问题上，先求知识，再施评判。大家先有了一个共同认识，再从而产生一番共同意见，庶乎在中国文化价值问题上，有一个更新更合理的展开。这是我作此讲演所衷心期望的。

三

今天讲文化，第一当知文化必然有一个"传统"。这几十年来，在一般意见上，或许可以说，看见传统二字就生厌。所以我们惯常在传统二字上再加一字，称作"旧传统"。这本不错，成为传统则定是旧的，任何传统都必是旧的。但我们又该知，文化必然有传统，无传统就是无文化。而我们一般人意见，似乎只想要一个无传统的新文化，不愿再要此有传统的旧文化。是否能如此？这是世界人类文化共同一大问题，不是我们想要便可如此。

退一步说，文化是一"存在"，而存在则必然有"时间性"，任何一事物，不能霎地存在，霎地消失。存在的时间，即是此存在之传统。试以人来作例，每人就各有一传统。今天在座诸位，若是一位三十岁的人，便有他三十年的传统。没有此传统，便没有此人。此传统又可分两方面来讲：

第一，是身体的传统，人的身体，从婴孩到长大，当然天天可以有变化，但在变化中仍有传统，今可称之为"肉体"的传统，或"物质"的传统，要之你身我身各有传统，不相混杂。

第二，我们当知，身传统之外还有"心"传统，也可说是"精神"的传统。如我们每人各有记忆，所记忆各不同。每人记得各自以往的一切经过，记忆不同，即是传统不同。除记忆外，又有各自的智慧，智慧不同，也造成了各人的传统不同。此层较深微，暂不细讲。此外又有嗜好不同，同吃一顿饭，喜好各别，兴趣有异。又如或喜欢听音乐，或喜欢看打球，这些都是精神传统的不同。

若使我们能推翻传统，把各自以往传统取消，忘其故我，各来一个新我，虽亦有此说法，但推义至尽，怕只有一条路可以达到此希望，那就是自杀。否则便是丧心病狂。心失掉了，称为狂人，虽有身传统，更无心传统。不知自己姓名，乃至父母家庭，以及其婴孩期青年期以至到现在的历史经过。甚至连身体也都忘了，饥饱冷暖都不在心上。但他不是自杀，因尚有一身传统。说他丧心病狂，其实他心亦仍在，只是失了其传统。

每一人必有一传统，此一传统可以直溯到他的父母祖先，在生物学上有遗传学、优生学讲此传统。但我们的心传统，则多有从身外边来，从整个社会整部历史来。此层我们各自反身寻求便易知。所以我们讲文化，定该知有一传统，不能离着传统讲。

传统必有"持续"，如手上拿一东西没有掉，继续拿在手，是持也是续。刚才讲过，传统便是一存在。换句话讲，传统便是一持续，存在也是一持续。传统地持续着，那便是生存。而其中便有变化，此层待后再讲。此刻所说，文化便是一"存在"，便是一"持续"、一"传统"，此是我开宗明义最先要讲的。

其次要讲，文化就等于"生命"，生命也是一种存在。生命可分为"个人"生命与"大群"生命。此刻暂不在此上细讲。且讲，生命各有"大""小"之别。每一人的生命，可分成两部分，一是小生命，一是大生命。这如何说呢？每一生命，必要从外向里。如外面食物吃到肚子里，消化营养。又如穿衣服，生暖防寒。这都是从外向里。凡属衣、食、住、行，一切物质生活都如此。即讲心生命，一切知识，也都是由外向里。讲话、识字，有很多技能。嗜好兴趣，其实都从外边来。所谓外，又有大小之别。小之从某一人，大之从人群社会，乃至宇宙大自然。总之，人之生命，先是由外向里。由宇宙万物，大群社会，取求供养，这才造成了一个"小我"。每人的这种生命，我今称之曰"小生命"。同时我们的生命，又必从里向外，各从一个小生命中发出行动、工作、思想，一切来向外贡献，这可称为"大生命"。由外向里，所成就小，故称小生命。由里向外，所影响大，故称大生命。

每一人各有一小生命，亦各有一大生命。小生命，乃从人类大生命中生出。同时也从各自的小生命中来变化此人类之大生命。没有天地，当然不会有人类，这是从外向里。但人的生命，又要从里向外生变。从外向里，见生命之"共相"。从里向外，见生命之"个性"。文化是大生命，每一文化亦必有其个性。

人类必有群，每一群中各有小己之我。群性己性各有别。就小生命向外"需求"言，固是大体相同。从小生命向外"影响"言，则各不同。中国人名此曰"性"。所谓个性，乃是一种个别的与众不同的存在。此种不同存在，主要在"心"，亦说在性。人有个性，家庭、社会、民族、大群，亦各有个性。中国人与外国人不同，中国人中，广东人与山西人不同。广东人中，某家与某家亦可以不同。每一家中，父母兄弟每一人亦各不同。从不同个性中而起变化。若无个性，如黄茆白苇，虽有生命存在，更无变化相异，又何来有所谓文化？

综合言之，文化定有传统。传统则亦是生命性的。此种生命则定是大生命。大小生命，各是由内向外，有其独特的个性。

四

今再就传统中之有"变化"言，如一树，生根、发芽、长干、抽枝、报叶、开花、结果，这一连串，即是它的生命传统，亦可说是生命之持续。每一树，则有一个性。此一成长，乃其生命中必然应有的变化。有了这些变化，此树的生命才算完整。倘使只生根不发芽，只发芽不长干，这就生命不完整。长了干不抽枝、不报叶、不开花、不结果，这生命同样不完整。讲到动物，如家里养一狗，此狗生命是连续的，慢慢由小变大，成了老狗，才是它生命之完整。无论动植物，在其完整的生命过程中则必然不断会有变。文化既是一生命，它本身定是要变，不是我们要去变它，它自会变。一如小孩变大人，一个根埋在地下，到头会开花结果变出新树来。但没有旧的，哪会有新的。一切文化只是一传统，只是一旧，但定会日新又新，不断往新的路上走。

今天诸位总爱说新文化，又要说新生命，但如一棵树，是不是开了花便叫新树，那根与干便是老树旧树呢？我想这种"新旧"观念，该要从头重新来辨认。先简单讲，如说生命从旧变新，我们不能丧心病狂，先不要那旧的。旧生命没有了，新生命又从哪里来？倘说科学可以创造新生命，但转瞬间，新生命又会变成老生命旧生命。只要是生命，就该有持续，亦必会有变化。讲到文化，亦必有新有旧，有变有常。不能只爱新，不喜旧；只爱变，不喜常。一日三餐，这是饮食之常。衣服也不能天天穿新的。我有一个家，父母兄弟姊妹，这是一个常。父母之年不可不知，一则以喜，一则以忧，那必得有变。那是不得已。不得已而变，也该有一不离"常"之变。假如我们拿常当作旧，拿变当作新，那么文化必然有新亦有旧，有旧亦有新。若是至变无常，那样的人，怕也不能当作人，你不能和他做朋友，父母也不能认他做子女。因他总在变，天天变一新人，更不见其像旧人处。实则并无那样的人。既无那样之事，也无那样之理。

我们早说文化是长时间的大群人生，在此长时间中即不断有变。此不断之变便成了文化之传统。此一传统则有他的生命性，有他的与众不同处。不同在哪里？则在其个性上。

五

上讲文化必有一传统性，此一传统性，等于是一生命性，在此生命性中则必有一个性。现在接讲，文化则定有一个种。这个"种"字，仍从生命之种借用来。如桃树、李树、松树、柏树，生命不同，就是个性不同。桃花不能结李子，柏树不能开松花，因是种不同。

刚才讲过，生命有大小两方面，像松、柏、桃、李等植物，乃至犬、马、牛、羊等动物，它们的小生命，都要从外向里来维持，但更不能从里向外更创造新生命。当然它们也会由里向外发生影响、作用，可是影响小，我们都把来归之自然，更不说它们更有一内在之里面。人为万物之灵就不同。人类亦如其他动植物，须从外边来完成他生命，可是他又能把他生命来完成外边。人能栽一棵树，能养一条狗；树与狗不能来栽培养育一个人。这见双方生命之大小。

任何一个生命，需要外面滋养，也得提防外面摧残。

空气养人，但种种病从空气来；饮食养人，但种种病也从饮食来。如没有风雨，一切植物不能生长，但一切植物也往往受风雨的摧残。由此观之，每一生命，必得利用外面，同时亦须抵抗外面。每一生命，则必有一外面，得靠它、利用它，又得防它、抵抗它。若只懂得依靠，不能抵抗；只懂得抵抗，不懂得依靠，那就都不对。

文化传统，便是民族一部生命史。欧洲人有欧洲人的文化，我们此刻称之曰"西方文化"，但内涵各民族，有拉丁、条顿、斯拉夫民族等，各民族间仍然有分别。各民族间的生命都有长时期的历史积累，便成为文化传统。但以较之中国，则如苍松老柏与娇桃艳李之比。中国文化，伟大、悠久。谁不愿大而久，"可大可久"，可称为是中国文化"特性"，此是中国的文化种同别的文化种不同。任何一生命，定有它一种很坚强的生存欲，此种欲固是看不到，但可推而知。如人总想自求生存。多活长寿，这是生命的内在要求，没有这种要求，就没有这个生命。此种生存的要求与欲望，我们亦称之曰"生命的精神"。

文化是传统的、生命的，有个性，像有一个种，在其内里则必然附带有一番精神。凡属生命，必然有这番精神，总是好生爱己，只要能生便喜欢，觉得快乐。这里面像有一种力量，也可说是一种能耐。如一棵树，要耐得风吹雨打太阳晒，外而一切都能耐。任何一种生命，对于外边总要有耐心耐力，不脆弱，不轻薄，这是生命精神。我们亦可说，世界上没有任何民族能像中国民族这般大，这般久。中国最是世界上一大民族，经过了最悠久的历史。岁寒然后知松柏之后凋。我们只要看高山大谷中的苍松翠柏，来和陌上桃李相比，显然自见不同。

我们首该认识此一点，此下才能继续讲。我今问诸位，并请诸位先要承认，我说文化定要有"传统"，又说文化都有一种"生命性"，又说文化有"个性"，文化有"种"，其实只在外面讲，未讲到内里去。但在外面这一些大纲节，该先有一共同认许，然后乃可络续讲下。

六

上面所讲，暂可成一段落。次讲文化千异万变，今试分作两大型：

一曰外倾型，偏重在物质方面。

一曰内倾型，偏重在精神方面。

讲文化既必讲到传统，则必讨论其可传与不可传？传之可大可久与不可大不可久？我们当知有一种文化的"木乃伊"，古代埃及人，拿一些药品涂了死人尸体，可使不腐，永远保留，直到今天，埃及木乃伊遍布在英、法、美国的博物馆里。今说，某一文化之生命没有了，而亦仍有其木乃伊存在。如游埃及，观其金字塔，此乃埃及古代一种文化表现，亦可说是古埃及之一种成绩。到今天，古代埃及文化生命是终止了，而其文化生命之残骸则还有保留，如金字塔。我说金字塔亦是埃及文化之木乃伊。等于一个人生命没有了，不能再发生作用，而其生时残骸则仍保留着。

如到罗马，也可看到古罗马遗留下来的很多古迹，如斗兽场，不能不说是一个伟大建筑。古代罗马人在此场中观赏人狮决斗。此刻虽破坏了，还有大部分保留，可以供人想象，那亦是古代罗马文化一项表现。罗马文化生命是没有了，然而它的生前遗骸，则仍有保留，此亦是古代罗马文化之木乃伊。这是西方文化上古时代所遗留下来的。说到西方中古封建时期，各地贵族堡垒，在意大利，在英法，在德国莱茵河岸，到处可以看到，但当时根深柢固，盘踞生长在里面的那些封建贵族呢？此刻只保留下来那些堡垒，不也就是等于木乃伊吗？又如欧洲中古时期直到现在还保留着的峨特式的大教堂，以及文艺复兴以后的一些大教堂，乃至当时举世共尊的教皇的宫廷，此刻西方耶教信仰逐渐降落，耶教势力逐渐衰退，岂不像一树生命逐渐枯槁，而老干残枝依然高耸地上，这又岂不将成为西方文化中宗教生命的一项木乃伊吗？甚至说到近代，如第一次世界大战以后，法国人造成了一条马其诺防线，以防德国之侵入。但此防线，在第二次大战时，一点用处也没有，到今天这条防线恐还没有尽净拆掉，还有些处可供人观赏凭吊。这些伟大的物质建设，从上古直到近代，都可以代表他们的文化生命之表现，现在则只剩些物质渣滓还保留着，这岂不都成了他们文化传统中的木乃伊了吗？

中国历史绵历四五千年，但这一类的东西却特别少，也并不是说没有。如万里长城，自秦迄清，还是不断修缮，但不能说已是一木乃伊。又如秦始皇帝造阿房宫，秦国亡了，阿房宫也毁了，但中国依然屹立，直到今天。在中国大地面上，找不出像埃及的金字塔，罗马的斗兽场，欧洲中古时期的堡垒和大教堂。我们至少可以说，这种伟大的物质建设，中国人一向不过分重视，所以没有这样的保留。但我们历史上，究竟有没有从头到尾传下来的东西呢？我们历史上究传下了些什么呢？我想直率说一句，中国历史从古到今传下没有破坏还存在的，只是中国"文化的生命"。

举几个具体的例，首先说到中国人的家庭，全世界人类生存，都有个家庭，而中国人的家庭确和人类中其他的家庭不同。中国人最崇拜孔子，孔子死了二千五百年，有一个家谱，一直传到现在，七十三代有名有姓连绵不断。这是说孔子以后。在孔子以前，从他父亲上溯，他祖先从宋国迁到鲁国去，在宋国本是一贵族，于是可从宋国再推到商朝。商王朝从汤开始，但今天我们还可从汤上推，把近代出土的甲骨文来证《史记》，商代祖先可直推到夏王朝的开始。如是则孔子的家谱，向前向后，明白可考，已超过了四千年。在全世界，没有第二个家庭有四千年的历史，换言之，即是有四千年的生命、四千年的精神。实也不只孔子一家。中国有

《百家姓》，此书编集在宋初，到今也已一千年，赵、钱、孙、李，周、吴、郑、王，各家有各家的家谱，各家有各家的历史，都和孔家差不多，都可推溯到夏、商、周三代，都有两三千年之久的绵历。现在，我们才开始不要这东西了。换言之，这是中国文化中的家庭传统、家庭生命。此下我们要变出一套新文化来，自不会要此。但我将肯定地说，中国人传下的家谱，却不能把来和埃及金字塔、罗马斗兽场相比。我们还是喜欢保留一金字塔？或是一斗兽场？还是要保留一个一个的家呢？现代的中国人，却说家庭观念要不得，不要家，也算是"新文化运动"。但此是下面事，我此刻要讲上面。中国文化何以能保留了四千年，正为中国人的每一个家都是四千年的保留下来了。我们不能保家，哪能保国保民族，这是我要讲的第一点。

中国历史上又有一项长久保留下来的东西，即是中国虽如此之大而常有一个中央政府。直从夏、商、周三代到今天四千年，中国永远保留着一个中央王室的传统。秦变汉、汉变唐、唐变宋，直到辛亥革命，朝代有变，王家常在，中国大一统的局面则没有变。如今是说变为民主政治了，但民主政治仍该有个"统一的中央"，那是我们不该变的大传统。试问现世界哪一个国家，能保留一个全国统一的中央机构？而此机构能保留上四千年？固然在此四千年，或说自秦以下的二千年中，也有分崩割裂的时代，但这究是中国历史之"变"，不能认为是中国历史之"常"，那是稍读中国历史者所必该承认的。

明明全部历史摆在这里，中国历史自然也尽有变，但中国的"家"和"国"，则没有变。我此刻来讲文化传统，说西方人的文化传统主要重在"物质"上，而中国文化传统则主要重在"精神"上，这一分别，是显而易见的。我们一到埃及，便会去看金字塔；一到罗马，便会去看斗兽场，这都是他们伟大的文化中所留下。中国则如此之类都没有，但我们有可大有久的家与国，这两样，它们亦没有。我说这是中国、西方文化个性不同，换句话讲，是种类不同，也可说这是中国人和西方人双方兴趣、嗜好不同，我们喜欢这样，而他们喜欢了那样。今天的我们，则要彻头彻尾把自己改过，把我们一切嗜好兴趣统改成外国化，外国人不太重视家庭，我们也便不重视家庭，说是新道德。做父母的却开通了，只说负责养育子女，子女大了，可以全不问，由其各自独立，此征现代中国人之共同心理，是如何般的倾慕新文化而忽视旧传统。

又如大一统的中央政府，民国以来，也有人认为国家太大，运使不易，反而羡慕人家之小国寡民，四分五裂，要来提倡联省自治。甚至最近在海外，也有提倡台湾独立的。这也可说是倾慕新文化，忽视旧传统。但别人家也有传统，我们不能从头倒退去学。别人家之变，乃由其传统而变，我们无其传统，只想学其变，则只有追随在后，别人变，我也变，变成只有尾巴没有头。而且别人家之变，在他们也有的不自知，我们则更只有盲目追随，没有头，当然也没有眼。回顾是一片空洞，前瞻是一片黑暗，于是更认为自己文化要不得，不要已往，不要现在，只要将来，其实则只要别人家的将来。我们若说，文化背后必有精神，我今试问，今天我们所有的精神，又是哪样一种精神呢？

七

诸位当知，文化即是一个生命，生命应在我们各人自己身边，生命决不外在，而且急切也丢不掉。如各人有记忆，哪能全忘了；各人有嗜好，哪能全变了？我们则在急切地求忘求变。就知识分子言，一般说来，知道外国的，总是比知道本国的多。但这现象，究是可喜，抑是可忧呢？若待自己以往的全忘了，以下的，则全靠追随别人，试问世界上能有这样的民族、这样的文化吗？

依我个人论，我已过了七十之年，我敢老实对诸位说，在我心中，实在是更爱我们四五千年来的旧中国与旧中国人，更胜过我所爱于此七十年来的新中国和新中国人。诸位或许会说我顽固，但盼诸位不要说我是悲观。因我认为中国民族与中国文化必将复兴。此七十年来之中国与中国人，最多只是一过渡，不能说是一开创。我此等话，特别喜欢向诸位讲，因诸位都是军人，军人天职，是要贡献各人的小生命，来换回民族国家的大生命。尤其我敬重中国军人，他们已把中国民族国家文化护卫了四五千年到现前，尚是屹立。全世界其他军人，莫能与中国军人相比，这是历史事实，一点都不假。但我下边向诸位所讲，不是讲军事，军事我不懂，我只想向诸位讲中国文化，因诸位站在保卫中国文化的前线，是保卫中国文化的中坚，同时亦是保卫中国文化最后一壁垒。所以，诸位听了我讲中国文化，或许会认我所讲多带感情，但诸位应知，生命中不能全理智，不能无感情，中国民族要得要不得，中国国家该保不该保，那岂是理智问题，哪能不带感情。若专从理智讲，我也知，我的生命决不是全世界生命中第一生命，但我也得保卫我生命，这不是言价值，乃是我之喜爱。诸位若问中国文化有没有价值，我先问，诸位自己有没有价值？这就从理智转上感情。我有求生、好生、乐生的一种精神，与我生命分不开。倘使我中国民族是世界上最要不得的民族，中国文化是世界上最无价值的文化。在此七十年中，便有人说过，"中国不亡，是无天理"。但生命中有感情，便是一"天理"。我将换一句话说，"中国人不爱中国，则是无天理"。世界各民族都如此，不是只有中国人如此。若说中国要不得，中国才真不可救。我则认为此等说法，既无情，又无理。说中国民族国家文化该久远存在的，那才是中国人良心中之天理，不可磨灭之天理。

二　中国文化传统在哪里

一

今天的讲题是"中国文化的传统"。上一次讲，文化是一个"存在"，现在明有一套文化在这里，岂不是文化就是一存在。在上一次我又讲，一切存在都有一"传统"，因宇宙间任何一存在，断无倏尔起，倏尔灭，更无时间绵延。一切存在都有一时间绵延，我们即称之曰"传统"。因此讲文化，便要讲文化传统。今天大家希望要创造新文化，这是对的，然而同时也不能没有旧传统。没有旧传统，怎来新创造？今天要讲中国文化传统究是些什么，又在哪里？或许诸位也听过很多人讲中国文化传统，今天我所讲，或许和诸位平常所听到的有一些不同。

首先讲中国文化传统是什么？我说：就是我们"中国人"。只要是个中国人，在他身上就有中国文化传统。再说，中国文化传统在哪里？我说：中国文化传统就在我们这许多中国人身上。进一步讲，在我们的"心"里。说文化传统在我们身上，这是浅的讲；说在我们每一人的心里，这是深的讲。这话不是我个人提出来这样讲，可以说中国人向来是这样讲，这是中国人讲法。

在《论语》里，孔子弟子子贡讲了一段话。他说：

> 文武之道，未坠于地，在人。贤者识其大者，不贤者识其小者，莫不有文武之道焉。夫子焉不学，而亦何常师之有。

子贡所说"文武之道"，就是那时的中国文化传统。子贡说：这个传统，还没有掉到地上，还在我们人的身上。或说在我们人的心里。孔子已在春秋末年，这是一个大乱之世，黑暗万状，文化传统等于要中断了。但子贡说，文化传统还没有掉下地，还在人的身上。人不外分两种：一是贤者，是高一等的人。一是不贤者，是低一等的人。整个世界，任何时代，都可有此一分别。

今天的我们，纵说是不贤者吧，可是我们总还是中国人。不很像样，不合理想的中国人。贤者识大，这"识"字不是知识，仅是"记忆"。文化大道很高深、很复杂，我们不一定都能知、能了解，然而总还在我们的记忆中。贤者记忆到一些大的，不贤者记忆到一些小的。譬如饮食，鲜能知味，但总是饮焉食焉。人人总是活在此传统中，不论懂不懂，可是在他心里总还有一番记忆。孔子往哪里去学到文武之道、中国文化大统所在呢？子贡说：孔子就在一般人的身上学，因中国文化正还在大家身上。所以说

"夫子焉不学，而亦何常师之有"。

今天我们来讲中国文化，也就是来讲孔子之道。孔子就是当时中国文化一个"集大成"的人。我们今天说孔子是"至圣先师"。但孔子之师又是谁呢？孔子的那许多道，究从何处学来？诸位或许说，孔子应是在书本上研究，这也不错。但文化存在书本上仅成为一种"死知识"，而文化则是活的。孔子在当时许多人身上所见，乃始是一个"活传统"，一个真真实实亲亲切切的真传统。我们每一人，固不能就代表中国文化，但亦究是代表了中国文化。只不能代表中国文化之全，与其深与大。然而我们就是生在中国文化传统之里面，而成为一中国人，那么中国文化岂不就在我们身上。诸位不能谦虚，不用客气。说自己是个不贤者，但不贤者也得识其小者。文化是个大东西，大东西里面还有许多小东西。一个社会中，贤的总是少，不贤的总是多，然而每一个不贤的人，也能在他心中记忆到文化上一些小枝小节。只把这些集合起来，也就见出一个文化的大体貌。孔子就为懂得这道理，所以才能在当时文化破坏黑暗的时代，而集文化之"大成"，把文化传统发扬光大。

今天我所讲中国文化传统在中国人身上这一意义，是根据子贡这番话来讲的。倘使今天我们中国人里面还出一个孔子来发扬中国文化，试问他先向哪里去学，难道他要到美国去学吗？难道他尽在图书馆故纸堆中去学吗？我想他一定会在我们这个活的社会里学，在我们每人的身上来认识到他所要了解的中国文化。

二

诸位听了我上面话，是不是认为凡是一个文化传统便都在我们人的身上呢？如说英国文化在英国人身上，法国文化在法国人身上。这样讲法对不对呢？说到这里，还有一层要辩白。因为中国文化究竟和西方文化有些不同。人类各民族间的文化，自然各有其突出之点，各有其和人家不同之处。中国文化精神最主要的，乃在"教人怎样做一个人"。做人的道理和理想，应该怎样做人，这是中国人最喜爱讲的。西方文化，似乎比较并不看重此方面，他们所更看重的似乎在人怎样来创物。中国文化看重如何"做人"；西方文化看重如何"成物"。因此中国文化更重在"践行人道"；而西方文化则更重在"追寻物理"。

我这番话，上讲已经提到过。譬如埃及有金字塔，罗马有斗兽场，也可以说埃及、罗马文化传统主要正在这上见。若我们要知道古代埃及文化是甚么一回事，便会想去看金字塔；若要知道古代罗马文化是什么一回事，便会想去罗马看斗兽场等遗迹。不仅古代，即讲到现代西洋文化，电灯、汽车、自来水，从一切极普通的小东西讲到更大的，西方人能创造、能建设，把一切自然物改造成文化物。这也不是说中国人不能创造，然而总要比西方人差一段。诸位跑上街，跑回家，一切所见，差不多十分之七八是西方的。我们自可说西方文化传统正就在这里。诸位说，西方人能造这许多东西，便见西方之伟大！但我要告诉诸位，西方人创造出来的东西固是伟大，但并不能即说是西方人伟大。如说金字塔伟大了，但建造金字塔的人则并不伟大。斗兽场伟大，而建造斗兽场的人则并不伟大。否则埃及、罗马，不会遽此灭亡。我们也可说，西方的东西可爱，我们都喜欢，但西方的人却并不都可爱，甚至是可怕。两百年来的西方人，只要他们所到，便可使这个地方穷而弱，甚至亡国灭种。这还不可怕吗？

在我小孩时，七十几年前，中国还算幸而没有亡。然而世界上的国家，不晓得亡了多少，还至于有灭种的。只要西方人所到，便举世不安。这是一部真实的现代史，不是我随便瞎讲。西方人到美洲，美洲红种人没有了。西方人到南美洲，南美洲土人至今还有多少呢？西方人到非洲，非洲成了怎样一个样子呢？西方人到亚洲，亚洲人本有一套自己的文化传统，然而亡国灭种接着来。幸而是西方以外的人不得安，西方人本身自己也不得安。西方人的力量，别人受不了，西方人自己也受不了，于是乎才有第一第二次大战。到今天是什么结果呢？还是一个举世不安。可是西方人的力量却衰下去了。从前被他们亡的国家，现在都站起来了。未灭绝的种族，也重得生存繁殖了。只看今天联合国里许多国家，大部分都从西方人口里吐出来。吞了进去没有消化，今天吐出来，而今天的世界乃至西方自身还是不安。究竟下边如何，谁也不知道。我们可以说，这两三百年来西方文化对世界掀起了极大波动，固然有好的方面，但也有坏的方面。西方人创造的物固可爱，但西方人究是可怕。我想没有讲得太过分。

那么中国呢？中国人在创物方面，显然不如人，然在中国人所到之地，如说韩国、越南，是中国近邻，三千年到今天，只能说他们受到了我们的益处，至少国没有亡，种没有灭，至今存在。即论近百年来我们最不像样的时候，华侨跑到国外去，东南亚、南洋群岛，乃至其他各地，我们只帮人家开发繁荣，并无像西方人般的可怕。中国人又穷又无力量，倘使还叫人可怕，跑一个出去死一个，至今还会有中国人在国外吗？然而我们中国人还能在外面一天天地滋长，这一层，我请诸位特别注意。

西方科学该学，但不能学西方人做人。如资本主义、共产主义，从前只欧洲人讲，现在黄人黑人都要学着讲，下面这个世界将更不得了。或许诸位认为我话讲得过分，但我说，西方文化同中国文化有不同，一面重做人，一面重创物；一面重人道，一面重物理。这里至少有一些偏轻偏重，我想这话大体上不错。西方人也教人做人，等于中国人也会创物，但西方人胜过我们的在创物方面；论做人，中国人还是有一套。所以说，中国文化传统就在中国人身上。

那么中国人怎样教人做人呢？诸位看，其他各国都有一个宗教，如耶稣教、回教、印度教等。惟有中国，没有自己创造的宗教。但中国虽无宗教，却有教堂。中国每个人的家庭，便是中国人的教堂。由生到死，就在这教堂里。中国人理想，若不能在家里做人，便不能到家外去做人。要到家庭外边做个人，就得在家里先教。不能做父母，对儿女不行，怎能对其他别人。子女对父母也一样。家庭就是个小社会，也可说是个小天下。家庭成为人群中一细胞。人与人不能成一家，还能成其他什么呢？人群、社会，一切就要从家做起。诸位说，西方人一样有家，这个我且得慢慢讲，一口讲不完许多话。至少目前的西方，快要没有家，有些也可说已经没有家，夫妇不成为夫妇，哪还有父母子女兄弟？这且搁下不讲。

诸位要知中国人的家，正是从文化大传统里来。上次讲孔子的家，四千年到今天，孔子往下七十几代，往上还有。最近《青年战士报》，有一女记者，把中国的《百家姓》，做一个简单综合的报导。我们只看此书，就可想象到中国文化传统里这个家之伟大。诸位若要研究中国的家庭史，如何从古代变到今天，这是另外一套学问。我今天要讲的，只说中国有一个家庭大传统，每一个家都有一二千年以上的历史。全部会合起来，那就是中国民族、中国人。所以我们若要改变中国，首先该打散中国人的家。这事毛泽东懂得，他要推行共产主义，第一先要把中国家庭打散。中国家庭便是共产主义一个绝大的阻力。如此说来，我可告诉诸位，中国文化大传统在我们每一人的身上，也在我们每一人的家里。

三

中国文化传统，第一在我们每个中国人身上，第二在中国每一个家庭，第三是在我们的国家。《大学》里讲修身、齐家、治国，这是中国人做人最大理想，下面是平天下。但前面的不能讲，下面也就更不用讲。我们且讲如何修身做一人，再讲如何成一家，如何建一国。倘使我们中国人，仅能成家，不能建国，这个广土众民的中国，至少四千年到今天，是世界上唯一的一个可久可大的存在。试问如何会出现？

一面讲，有了中国人才有中国。但反过来讲，亦是有了中国才有中国人。既由中国人来创造了中国，亦由中国国家来培育发扬中国人。中国与希腊不同，希腊只有希腊人，无希腊国。也和罗马不同，罗马是个帝国，极少一部分是罗马人、征服者，极大一部分是非罗马人、被征服者。同在一个国家之内，分着两种人。现代西方国家，就是学罗马。如大英帝国，英伦三岛是征服者，其他帝国各部分则是被征服者。我请问，汉高祖及少数丰沛人民，是不是当时的征服者？其他中国人是不是当时的被征服者？

中国从来是一个"民族国家"，一个民族抟成了一个国家，一个国家里只成一个民族，由中国人创建了中国。这种国家，乃由中国文化传统、文化理想所产生。至于西方现代国家，如英、如法、如德，都只要做一个帝国的基础，是一种"武力国家"。而在每一国家之内，也并不是只有一民族。直到二次大战后，帝国主义已经失败，而苏维埃还要来创造赤色的帝国，这也是西方文化呀！

今天的西欧人，大敌当前，他们固是爱好自由，但他们却不能组成一个西欧"联合国"。不学罗马，便学希腊。再隔几十百年，西欧人能不能终于创造了一个西欧国呢？这话还难讲。我们现在只羡慕他们，但我问，像英法般，较之我们中国，究竟哪个更现代、更合理？可见文化理想不同，所产生的国家形态与组织也就不同。我想我们中国人做人，可做将来世界人一榜样；我们的家庭，也可做将来世界家庭一榜样；我们的国家，也可做将来世界国家一榜样。只要中国人像样，能起来领导世界，绝不会叫人家一个国定要变两个，两个国又定要变一个。即如香港，便不应该还在英国之内。英国自称是一个民主自由的国家，但香港人不能投票，不算是英国公民，只是些被征服者，这里也就是西方文化。

因此我讲中国文化有三大传统：一是中国人，一是中国的家，又一是中国的国。每一个中国人，在这样的家与国之下，也就有了我们的"天下"。中国人理想中的修身、齐家、治国、平天下，一以贯之。虽不能平到中国以外全世界人类的天下，然而中国人自己的天下，也可以到达在一个理想下，而获得其平了。

四

中国文化也曾经历过很多摧残，历史上摧残中国文化的外族的力量，较之如希腊碰到马其顿、罗马碰到北方蛮族，还远更强大。罗马只有阿尔卑斯山一条国防线，中国东北从韩国大同江，西北到兰州黄河西岸到新疆，要比保守一条阿尔卑斯山吃力得多。我们在历史上也有亡国的时候，可是我们的文化传统还存在，因国亡了还有家。简单讲，唐以前中国是大家庭，宋以下是小家庭。五胡乱华一路到南北朝，北方胡族力量跑进中国，但那时中国的大门第，不仅在南方长江流域存在，即在北方黄河流域，也同样存在。一个一个的家，那是最坚强的打不破的细胞，潜伏在那里，屹立在那里。慢慢到唐朝，中国复兴。《唐史》里有《宰相世系表》，就见那时朝廷每一个宰相的家庭背景都是些大世系、大门第。要到宋朝以下，中国都变成了小家庭，但中国家庭的坚强，还是不可破。蒙古人跑进中国，中国政权是亡了，但中国的社会没有亡。社会怎么没有亡？因有中国式的家庭。那时人逃避异族政权，还得躲藏在家庭里。满洲人跑进中国，中国政权又亡了，但中国的社会仍没有亡，因其仍有中国的家庭。在魏晋南北朝时，佛教跑进中国，中国人一面出家做和尚，但另一面还是保留着大家庭制度。这像是极端冲突，可是历史事实如此。中国人接受了佛教，而保存家庭。今天我们说工业社会来了，我们要现代化，但难道我们就不能再保存我们的家庭吗？

我们的家庭也非一成不变，当知文化传统有常有变，中国文化传统中有一个家，这是我们之"常"，但这个家也可跟着社会而"变"。我们从封建贵族时代的家，转到门第时代的家，又转到宋以后的家，其间变化已经很大。我们今天，则要变出一个无家庭的社会来，那真要不得。大陆共产党要摧残家庭，这且不说；所怕的，现在我们有大部分青年人留学国外，再也不想回来；单留父母在此地，他们成婚成业都在外，还要主张外国理论，不仅我们的家要变，甚至于改进了外国籍，我所谓的中国人也要变。我们此刻要复兴中国文化，难道是仅读几本《论语》《孟子》，讲几句仁义和平，便了事呢？我们要有一个具体切实的传统，这是我们的"人"和"家"和"国"。

我小孩时，听人说中国社会是一盘散沙，就为各有一个家，好像要打破家庭组织，我们才能团结。但中国文化传统理想不这样。不能团结一个家，怎能团结一个大社会、团结一个国？今天的毛泽东，也如我小孩时所听到的思想，认为有了家，中国就如一盘散沙。不知中国家庭并不是一粒沙，这里面有绝大生机，这是中国文化的"生机"。

今天我们受了时代挑战，要看我们如何来反应、来革新。革新并不是破坏，也不是丢掉。革新我们的家，但仍还要家；革新我们的国，但仍还要国。人亦然，革新我们人，仍还要是一个人。这里自然要有变。现在我们讲变则是讲错了，我们今天，是不要传统的变。孙行者摇身七十二变，在其背后，有一个孙行者不变。他身体一摇，是在变了，这是他身体在变；若把孙行者身体扔掉，又怎么地变？这只是一种虚无主义，把中国人扔掉，把中国家庭扔掉，现在还不敢说要把中国国家扔掉。古人说，"国于天地，必有与立"。如此之国，则又谁与立呢？

五

我且讲中国文化来台湾，二十年前，我到台湾，就注意到台南延平郡王祠，与嘉义吴凤庙，这都代表着中国人和中国文化传统来台湾。不是说台湾只有郑成功和吴凤，他两人是贤者识其大，一般人就算不能比此两人，也是带着中国文化而来。诸位只一看郑成功祠、吴凤庙，当知这里就有中国文化传统，有中国文化潜力，有中国文化的新生机。一辆汽车、一架扩音机，这是物质的，并无潜力生机可言。但今天，我们中国人观念都变了。认为郑成功、吴凤，都是过去人物。到了今天没有用。我请问日本人来台湾五十年，有没有一个日本人的影子留在台湾？我们台湾人脑子里，有没有那日本精神的记忆呢？欧洲人来到世界各地，也是一样，不使人发生好记忆。中国人到外国去，我曾在南洋听到很多故事，固然不像郑成功、吴凤般，但亦还能保留在那里。

我试讲一件中国人到美国的故事。在南北战争时，美国有一位将军，他是一独身汉。脾气很坏，家中工人非打即骂，一个跑了，又来一个，又跑了，后来去了一个中国山东人，不几天，这位将军又发脾气，这人受不了，也跑了。忽然这位将军家里起火，很狼狈，这人又去了。将军问他，你怎么又跑来？他说：我因你打我骂我而跑，此刻你家里起了火，我该来帮你。他说我们中国人是讲忠恕之道的，我今天来，就是我们中国人的忠恕之道。这位将军问：忠恕之道怎么讲？他说：此是我们中国孔夫子所讲的道理，孔子在两千年以前。那位将军说：你能读两千年前的书，了不得。他说我不识字，这是我父亲告诉我的。那么你父亲是个读书人，还是了不得。他说：我父亲也不识字，是我祖父告诉他的，我祖父也不识字，我家世代务农，都不识字，不过是曾祖父告诉祖父，祖父告诉父亲，父亲告诉我，知道做人总要懂得"忠恕之道"。你今天很狼狈，我从前在你这里做过事，故来帮助你。那位将军大为惊诧，留他在家继续作事，一主一仆，一路下去，做了多少年。他病要死了，向将军说：我无家无室；无亲无眷，吃的住的穿的都是你供给，我积有多少钱，我死后，这钱也交还你。那人死了，那将军想中国会有这样的人，真是了不得，便把他的钱加上他自己大部分产业捐给哥伦比亚大学，要他们设立一个讲座，来研究中国文化。他想，中国人总该有一套花样在里边。所以哥伦比亚大学到今天，仍有一个研究中国文化的讲座，这是全美国第一个讲中国文化的讲座，他们称之曰"丁龙讲座"，丁龙即是此人之姓名。可是直到今天，他们所研究的，似乎并没有直从丁龙为人及其所讲的为人之道来研究，只是讲些中国历史、中国文学、中国哲学等。固然中国文化也在这里边，但哪里是每一人都要读十三经、二十四史才能讲中国文化呀！中国文化，几千年到今天，应是真实亲切活生生而有力的，不该只向故纸堆中去找。现在我们中国人，多到国外去留学，从前只是去学科学，现在也有人去学中国文学、史学、哲学，要从他们处来认识中国文化。此是中国人已没有了自信，把我们相传做人的大传统都丢了，我们都要重新做人，重新起家。立国也要照外国，不照美国，便照苏维埃。台湾同胞到了海外，也要讲台湾独立，现在都要讲外国道理。

六

诸位试想，我们此刻要来复兴文化，所担责任多大！然而这事情也简单，复兴中国文化这条路，还是很近。《中庸》上说："道不远人。"这一番道理，就在我们各人自己身上，而且"人能弘道，非道弘人"，我们每一人该能来复兴发扬文化，文化却不能来发扬复兴我们。一部《论语》放在这里，不去好好读，《论语》只成为一部死书。我们大家不要孔子，孔子也还有甚么办法？诸位或说没有好环境，不许我读书，但丁龙、吴凤，曾读何书？中国文化大传统，就在丁龙、吴凤身上。我们不能做丁龙、吴凤吗？若使台湾没有一个郑成功，没有一个吴凤，在此讲中国文化，试问何从讲起？可知中国人到哪里，那中国文化传统也就跟着到哪里。

我又要说一句，也只有中国人，才能来担任弘扬中国文化，这是我们中国人的责任，也只有我们能来担此责任。诸位不要认为研究文化是一番大理论、一项大学问，在外面东听一点西听一点，不如反而求诸己，只在我本人身上。当然也有很多复杂的思想和理论，乃至很多复杂的问题。但我们也可说，幸而我们少识了几个字，少读了几本书，我们只是关闭在一小圈里，我们还能认识得自己，还有一个我，还能自全自守。我们并不要做时代一大贤人，且做一不贤者。懂得一点小道理，像吴凤、丁龙，他们都懂得不多。他们并不曾懂得修身、齐家、治国、平天下种种大知识大理论，然而中国文化之伟大，则就伟大在这里。正因为中国文化主要讲的是做人，做人得大家做，所以要无条件的做。若我说：失掉机会，没有进大学，没有到外国去留学，怎么做一像样人？诸位当知，中国人讲做人是无条件的，无这许多困难。不贤者，小人物，无知无识，都能教他做个人。所以中国文化才能到今天。外国人条件多，种田得贩黑奴，造路得用华工，发扬资本主义得向外开辟殖民地。到今天，条件多问题亦多，马路、汽车、洋房一切，我们都不如人家。可是诸位不要害怕，回过头来，先要自信，我们在做人的一点道理上，中国的还是颠扑不破。中国人所讲，还是具体、亲切，而简易。从每一人的心上讲起。反而求诸己，文武之道，未坠于地，在人。我们今天，还能学做孔子，至少可做一不贤的孔子，复兴中国文化的大道就在此。

我今天提出"人"和"家"和"国"这三点，当然希望诸位都要从第一点"人"讲起，而后讲到家，我便是这一家之主。有父母，就该孝；有子女，就该慈；有夫妇，就该相亲相爱。这一家之主便是我，我不是在家中作客。放大讲来，一切都这样。一切都由人，由我这一人而到家、到国、到天下。中国文化便是这么般简单而伟大，此层切盼诸位先自记取。

三　中国文化的变与常

一

今天讲题是要在中国文化传统里特别提出两个观念来。一是"常"，一是"变"。这两个观念可以说是相异不同的，但实际上是合一相成的。变完成这个常；常亦是来完成这个变。没有变，就不得常；没有常，也不得变。任何一个文化传统中间都应该有常、有变。变只是在常的中间变；常呢？拿这许多变合起来，就显出一个常。

我们在第一次讲到任何一个存在定有它的传统，而文化的传统与存在，则只是一件事。在文化存在中，尤与其他存在不同，它里面有一个"生命的"性质。这是文化的特性。文化固不是一个生命，然而可说它是一个生命。生命没有不变，时时在变，但生命本身则不变，变了，这生命也完了。生命之变，有其一定的限度，只是生命本身在那里变，不能变出这个生命本身之外去。若说没有了这个生命，那么变也完了，也就没有它的变。

举一个大家易知的例，如一棵树，是一生物，有生命，树的生命开始就是生根，慢慢儿萌芽；但萌了芽，根还在那里，这是从根上起变化，不是连这根都变化了。根不见了，腐烂了，哪还有芽？所以根是一个常，芽是一个变，但萌了芽还要变，慢慢长成一个干，又抽枝，干枝也都是一个变。本来是一枝，现在变成两枝，三枝，但根还在，干还在，这是常。抽枝了又发叶、开花、结果，这是树的生命之成长。一个生命，自始至终，必经过几个阶段之变，不断地在变，这就是这一棵树的"生命"，这个不能变，叫做"常"。

诸位只要记好这一个例，下面所讲，也只是这一句话。如人，先是在母亲肚里的胞胎，慢慢儿生下一个婴孩来，慢慢儿变成一个童子、而少年、而中年、而老年。不断地在变，这便是某一人的生命。生命不变，这是一个常。诸位试想，我们从母亲胎里开始，到今天，岂不每一天在变，然而变中有常，这就是一个"我"，就是我这一个生命，不能变。我们不能要这棵树变成那棵树，不能要这个人变成那个人。倘使是棵桃树，开花结果，依然是棵桃树，不能要它赶快变成一棵石榴。人到老年，能赶快再变成一个小孩吗？

文化也是条生命，也要生、老、病、死，是不是到它开花结果就完了呢？这也有此理论。世界上每个有思想的民族，特别是白皮肤的欧洲人，他们很多人就讲此理论，他们觉得自己文化也快完了。如埃及、巴比仑不是完了吗？希腊、罗马不是完了吗？现在的欧洲白种人，英国、法国或许也快完。轮到美国与苏维埃。或者又说如日本，他们也会觉得他们的生命也会到一个完的阶段。这问题我今天不能讲，将来还当专讲一堂。在我认为，文化生命和人的生命、树的生命不同，它可以"长生不老"，可以万岁长春。有没有这例呢？就如我们中国。中国已是五千年到今天，但为什么西方人对文化抱了这样一个悲观的态度，认为这个文化要中断，在第一次世界大战时，德国斯宾格勒写了一书名《西方之没落》。他所讲不仅西方，连到美国，将来的美国，就等如从前的罗马，大都市工商业，发展到极盛时会垮了。现在美国国内之变相当可怕，是否会证明斯宾格勒所讲对了呢？这一层，我们不知道，我们也不在幸灾乐祸希望其如此。但我可告诉诸位，西方人只爱讲变，很少讲常；中国人讲变又讲常，一切要有一"常道"，倘使我们也只是懂变，那么这个变的前途都会要不得。

佛家讲人的生命就是个"无常"，现今我活着，不晓得明天还活不活，甚至于不晓得晚上还活不活，甚至于不晓得下一分钟还活不活，这是个无常。所以佛家看一个生命不值钱，教人不要看重这肉体的生命。耶稣教讲我们的世界，至少说也是不常的，要有末日审判。但中国人没有讲这些，只要是失常或反常，我们看得是件大事。但西方人根本就不讲一个常，做生意哪能永远发财，资本主义的国家岂能尽发下去，帝国主义岂能尽侵略尽扩大，共产主义又岂能尽斗争尽革命？他们都只是看现前一个"变"，不去看以往乃及将来一个"常"。这也不是今天开始，西方文化从头来就是重变不重常。但中国文化终是伟大，中国人的观念要讲一个常。这不是守旧，不是顽固，因在中国人讲的常里边就有变。"常"与"变"这两个字，在中国人讲来，讲这一个字，那一个字就连着来。诸位多读中国书，便知道这两个观念是连着的。但诸位多读西洋书，便见这两个观念不相干。中国传统文化之伟大就在此。

<h1 style="text-align:center">二</h1>

此刻我们暂不讲常，先来讲变。中国人讲变，还有一字连着是"化"，合说"变化"。变之外又有化，这两字当然不同，但我们常合起来讲变化。刚才我讲的是生命，现在讲到自然，生命也是个自然。中国人称自然曰"天"，最容易看的就是气象、气候。如天气好坏，风、云、晴、雨这都是天。因中国在北温带，中国的大陆常是一种标准性的气候，中国人看惯了，遂在这天地大自然中，发生一个极清楚的观念，就是我此刻所讲的"变与常"。天是一常，然而又是无时无刻不变，一天到晚尽在那里变，在那变之中，有春、夏、秋、冬四季的气候。今试问，春天怎会变成了夏天的，夏天又怎会变成秋天，秋天又怎会变成冬天，冬天又怎会再变成春天？中国人在这里，又讲出一

"化"字。暮春三月，春天快完了，即将变成首夏，但在这中间，却是不见变，只见化，春天像是去了还未去，夏天像是来了还未来。反反覆覆，一天冷，一天暖，过了一段时候，忽然说是夏天了。夏到秋也一样。到了盛暑，热得不得了，新秋快来了，然而也不怎么看得出。只见梧桐树上一片叶子掉下，但还是夏天景致，然而秋天毕竟来了。慢慢儿又到了深秋，但还不是冬天。深秋和初冬的这个交界在哪里，很难说。到了残冬又要来新春。你看梅花，还是开在春天的呢，还是开在冬天的？诸位只看中国人的诗，直从初春到残冬，中间各节的景色和气象；描写得何等地细腻，却又何等地清晰。但此天地之间，只有春夏秋冬，而不见显然的变。说春天去了明天是夏天，中国人似乎最不信有这样一个变，而中国人又绝不信天地之间可以不变。

我们爱骂自己的祖宗，说中国人不懂爱，只是守旧顽固。但只是一个普通的诗人或文人，看到外面气象变化，看得明明白白清清楚楚，而又能尽量写下细腻到万分。这是在变，而中国人名之曰"化"，化积了一段时间始成变。"变"只是一"空名"，"化"乃是一"实事"。千真万确者是化。此刻是下午，何时才变成傍晚，变都是慢慢儿来，它只是在化。化到某一个阶段，我们觉得它是变了。小孩子哪一天才长成大人的？各家都有小孩，天天看，今天也不觉长，明天也不觉长，可是天天在那里长。不知不觉，潜移默化，蓦地变成为大人，又蓦地变成为老者。但究在哪一天老了，实没有这会事。这已潜藏在中国人心里成为一常识，所以中国人每不着重讲变，而着重讲化。泡一杯茶，茶叶放了，倒下开水，也得等待一下才是茶，这里要等它化。一杯咖啡，浇以开水，加上牛奶、糖，渐渐地调一调，才慢慢地成为一杯咖啡，不能顷刻之间说是咖啡了。你且稍等，这一个"时间性"，中国人看得最清楚最明白。所以若要讲变，不该有速变、急变、剧变、突变，而必待它之化。现在我们不是既要速变，又要突变吗？但以前中国人平常不爱讲这话，中国人最爱讲的是一"化"字。今天我们则只讲变，不讲化。

　　中国人讲变，必以"渐"，慢慢儿的积化而成变，要变得天衣无缝，使人不觉，这叫做"自然"。《老子》书上开首便说："道可道，非常道，名可名，非常名。"这是说没有一个死的道，也没有一个死的名。看是不变总在变。又说"飘风骤雨不终朝"。变得快，变得大，其事不可久。而且变前变后，依然一样，等于没有变。台风来了，最多只是半天一天，早上来，中午没有了；下午来，晚上没有了。没有一个台风过境，能维持一两天。若使我们在日常生活、身体方面，发生了剧变、突变、急速的变，那就要不得。日常人生也是整天在变，无时无刻不变，但中国人爱用这个"化"字，吃了一顿饭，慢慢儿不知不觉，晚上肚子又饿了，这是在消化。不消化固是病，消化得过于剧烈过快了，一样是病。小孩子长知识，也得慢慢来。在生理心理上都有早熟，小孩忽地像个大人，也得当心。身心发育，有个常态，状态正常不是没有变，若此小孩是个天才，同时也是一变态。直到现在，还没有把握如何来教导一个变态的天才儿童。中国人说"小时了了，大未必佳"。总该在常态中求进步才有办法。

这些话，并不是一套思想或哲学，日常易知，而却是我们中国文化的宝贵遗产。诸位拿这些话来读《老子》、读《易经》、读《论语》，便觉得其间有大义理。其实我们也不必引经据典来讲古代思想，《论语》《老子》《易经》，其间已有许多在后代社会上成了一项普通常识。"欲速则不达"、"美成在久，速成不及改"。只到我们今天，这一百年来的中国，正如生了一场大病。我们不妨叫他是"文化病"。我们今天正在一种文化病的状态中生活。若使中国文化不生病，我们也不会在此地。

三

但这文化病究在哪里呢？我们该要请个医生来诊视，却不能说中国文化根本要不得。我觉得身体不好，请医生来诊断，那医生也万不该说我这生命根本要不得，只该诊断我的病在哪里。我们这一百年来的病究在哪里？我只能说一句，病在我们的"文化"上。文化怎么出了病？我也只能说一句，当然或许不只这一句，但这一句话，至少可能是说中了。我们这一百年来的文化病，叫做"知变而不知化"。今天我们只讲变，不讲化，越变越紧张，越变越剧烈，不晓得有等待。这一杯茶，开水倒下，我们且不要立刻拿起来喝。

在我们近百年的历史里，诸位定知道有一位康有为。他明白地提出要速变、全变、大变。他曾写了《波兰瓜分记》《印度亡国记》等书，给光绪皇帝看了，眼泪都掉下。但我敢说康有为是错了。今天的大陆，变到这样子，真所谓速变、全变、大变，变得毛病百出。而印度到今天还是一个印度，波兰到今天还是一个波兰，如非洲等地，更不知增添了多少新国家。灭人家一个国，并不能永远灭下去。读历史不能知变不知常。历史上之常道，则只有中国人讲。现在美国人要搅一套，苏维埃也要搅一套，满脑子外国思想的毛泽东，也要搅一套，但大体都是"知变不知常"。

一部一百年来的"中国现代史"，只是不断地在求变，开始是变武器，创新的海陆军，慢慢儿从军事变到交通，装电线、造铁路，再变下去，就是康有为等的"变法维新"。有为之弟康广仁，曾劝他哥哥，且把中国传统科举制度废了改办学校，直从小学、中学到大学，创出一套新的教育制度，这是国家大计，我们且尽把聪明力量放在这一项上，过十年，不一定立刻就能见大功，可是已经够得我们化力量，不能变了一样又一样，尽要变。而康有为还是坚持他速变、全变、大变的主张，不肯按部就班，稍有等待。结果"戊戌政变"失败了。接下来是"辛亥革命"，把中国自秦以下两千年帝王传统，一口气尽革了。然而这是一件大事，也该经一段长时期才见后效。乃光是北洋军阀，不数年间，洪宪称帝，宣统复辟，一番波浪又一番，接着来的是"新文化运动"。我刚才讲过，文化传统是一常，一时提出了"非孝""礼教吃人""打倒孔家店""线装书扔毛厕""废止汉字""全盘西化"这一大套。这其间，任何一件事，也决不是三年五年、十年八年所能做得到。然而我们要一口气，一件接一件，这件未见功效连着来那件，而文化大传统则终于无法骤改，于是愈变愈紧，来社会革命，而共产主义昂然出头。

讲到共产主义，我们也不能专怪一个毛泽东。当时大陆青年信共产主义的不知要多少，他们总觉得要变。我们这一百年来，实在是变得太快、太大、太无余地，急切要全体大变，宜乎变不出好花样，只变得妖精古怪一时竞起，而共产党遂乘运而兴。这是在一个反常状态下，全国人精神都失常反常，那是一件何等可怕的事。

我试说两件普通事，一是香港一电影女明星凌波来台湾，简直举国若狂，飞机场上欢迎的群众，比欢迎任何一人都盛大。凌波抓到人心的在哪里？她以中国古装黄梅调演出梁祝故事中的梁兄哥。这并不是一件了不得的事，可是在台湾，我们只在电影中看外国故事，没看到一件中国的。只听到外国歌，从来没有听到中国的。一下子来一个中国故事和中国音乐，正等于游子回乡，一个流浪汉，重见旧家门，说不出的开心，心花怒放。我们不断在变，变到今天，还是变不掉我们是一个中国人，总还喜欢中国传统。这也不是为爱国，也不是要文化复兴，只是他心里喜欢。中国电影照理自该演中国故事，为什么定要演外国的，要学外国一套？理论上自有人会讲。只是一天有一套中国电影出现在眼前，禁不住大家心里欢喜，这只是一情感。

试再举一例，今年的七虎少年棒球队，跑到国外去比赛，让我老实讲一句，他们得了锦标回来，对民族、对国家、对文化，一切并没有什么很大的意义和影响，但是我们整个台湾，又等于举国若狂，事在目前，不烦多讲。我们有学问的人、前进的、思想家、为举国所敬仰的，都在告诉我们，中国人样样不如人，我们急得要变，要变得也像人。忽然间，我们也有一样胜人，而且是出在我们一辈孩子身上，你看，七虎队不是胜了外国吗？我们人人心中觉得光荣。这和凌波唱黄梅调，我们心理觉得舒服，还是一样。

我可以证明，中国人心理还是爱中国，这事明明白白摆在眼前。在我们内心深处，不仅爱今天的中国，还爱过去的中国，然而今天我们所要提倡的，则要把中国的都丢掉，要丢得一干二净；要变，要变得痛快彻底。我们走上大街小巷，大小店铺，有不少都用的外国名称，而且许多名称实在用得奇奇怪怪。不仅台北市如此，连到小城市，乃至穷乡僻壤，也有用外国名称作店铺招牌的。好像一用外国名称便会长身价，生意可以做得好一些，外国招牌即是一好广告。

四

我最近曾去过一趟日本，我抽香烟，但不用打火机，身边带着火柴。在日本旅馆，乃至饮食店，各有火柴应客，火柴匣都不同。我随处收集，六七天内收集得不少，式样很多。但他们的火柴盒子上所印广告都用中国字，难得附着一两个简体字或和文。只有大的观光旅舍中的火柴匣，却全用英文字。我把我袋子里的中国火柴盒子拿出来一比，我们的中国火柴盒子却全是外国广告，外国字。我们的火柴，乃至火柴匣，似乎不如他们的好，但用的是外国字外国广告，岂不认为如此便可长身价，受人看重；若不用外国字，便易使人生疑，这火柴厂总是蹩脚不像样。这是我们中国社会之又一番心理。

我到大阪博览会，别的且不讲，我在中国馆吃饭，面前一双筷子，用袋包着，袋和筷子背面都有一行英文广告，说中国菜怎么好。可是在日本来玩大阪博览会的，百分之九十是日本人。我们要做生意，要宣传中国菜，为何不写日本文，却定要写英文？在我们中国人脑子里，似乎只认识一个英国和美国，好像全世界也都像我们中国人般只看得起英文。到日本去做生意，为何定要用英文广告，不怕得罪日本人吗？那天便见很多日本人来吃饭，我想他们一看我们筷子上的英文广告，或许会对中国影像打个折扣。

这十多年来，日本的工商业突飞猛进，日本大都市大商店的字号及其所用广告、通知、招贴，乃至于政府机关的题署，都是中国字。偶然中间也附带几个日本字。乃至如火车站，以及道路上交通指示牌，一切全用汉字。只有几家专做外国生意的大旅馆，不用汉字，也没有一个日本字，完全用英文，这乃是少数之少数。大部分我所到，至少一句话，在日本看见的汉字，不比在台湾看见的少。汉字在日本，真是大行其道。在日本买中国笔墨纸张乃至砚台，中国人所谓的文房四宝，比在台湾易于买到，而且还好些。可见我们的中国字，也并没有妨碍了他们的工商业。

再说到博览会，最主要的当然是日本馆，门外便题着"日本馆"三汉字。至于我们中国馆呢？也题着"中华民国"四个中国字，但下边便附着一行英文，好像中国字不附着英文便很难见人似的。但我去看美国馆，上一行日本文，下一行英文。即此一点，我觉得西方确是比中国高明些。到日本来开馆展览，当然该把日本文写在上面，这是国际上一种礼貌。跑进馆里去，种种广告说明，都是一行日本文在这边，一行英文在那边。尊重主人，日文在上，英文在下，那是应该的。跑到英国馆，根本没写英文，也不写日本文，只写"英伦"两个中国字。英国人似乎认为日本人都识中国字，或许认为汉字便可代表日本，不烦再用和文拼音了。至于我们中国馆，根本没有日文，这也罢了，但为何定要附着英文？在我们心里，自然是崇拜美国，崇拜英文，然而这是在日本展览，至少该在"中华民国"四个中国字下边题一行和文，虽不像美国馆那么有礼貌，但也总还说得过。或竟学英国馆，只写中国字，因日本人都知道中国字，不烦多写。在博览会里，也有和我们中国一般的兄弟之邦，便是大韩民国。上面题的是中文，下面题的是英文，也没有日本文。这或许韩国人心里和日本有芥蒂。但我们似乎不必如此。这里可以看出，在中国人心里，总觉光写中华民国四个中国字不够分量，不得劲，一定要附上一行英文才像样。我在我们的电视里听广告，譬如一个药名，中国有个翻译名称，但下边定要接一句英文原名，如"阿华田"，中国人多知道，但广告中讲阿华田，中国字讲完，下边定要读一句英文给你听。似乎中国字不能在世界上独立，但在中国内边，也还不能独立吗？中国人为何要如此看轻中文，真是言之可慨。

我曾在香港多年，中国人办英文中学，真是大行其道，中文中学则简直不成样子，香港人几乎都会讲英文。香港大学不必讲，香港中文大学一切正式公文亦多用英文。今天的香港青年，要提倡中英文合法并用，至今未成事实，中国文为何不合法？那因香港是英国殖民地，还可说。但中华民国则也成了英文文化的殖民地，中国人心里一面是爱中国，但一百年来的风气，造成了今天的我们。这不能不说是一反常的病态。

我在十几年前也曾到过日本，这一次再去，日本的工商业，确是突飞猛进，不用讲了。可是他们的工商业是发展了，而他们的日本情调则依然还在。有许多街道，还如我从前到过的一样，只不过弄得更整齐，更清洁些，但一望就知是日本街道。它们的许多街上行道树，完全种的垂柳，这一景色，只有中国有，日本人当然是从中国学去。我很喜欢那垂柳，在中国人的文学里，讲到那垂柳的实在多，也可把来代表中国。我也曾去过美国，好容易在某一乡间找到一池塘，池塘边一排垂柳，我不禁要停车下来在此池塘边一玩。别人说为什么？我说这是中国情调呀！我到日本，可见到很多的中国情调，如日本人的园林，在美国几处颇大的国家公园里，日本人要求划一块给他们来建一个小园林。日本人化钱，美国人当然答应了。其实日本园林也是学的中国，然而今天的美国人，说到东方园林，意中就想到日本，日本便来代表了东方。又如建筑，日本如今好多新盖的房子，也多还是日本式，幸而今天我们的台湾，经济还没有真繁荣，倘使我们经济真繁荣了，怕会变成全体洋房，找不到我们中国式的房子，那多杀风景。

说到穿衣服，今天的日本人也都穿西装，但是穿和服的还比中国穿长袍的多得多。日本人下围棋，也是从中国学去的，但今天日本围棋之盛，并不曾妨碍了日本之经济。

又如日本人讲究"茶道"，也是中国学去的。到今天，日本人还在那里讲茶道，又要讲"书道"。我已经讲过，文房四宝乃至书道，日本也比中国讲究得多。日本还有艺妓。我上一次去，这还比较少，可是政府官式请宴，依然有艺妓。这一次去，大概一流的馆子都有了艺妓。一边唱，一边舞。他们经济复兴了，一切日本花样也复兴了。

上一次我去日本，那时觉得，日本人也并不以做一日本人为耻，而且还是带些傲慢。他还是以日本为荣。今天的日本，更不用说，他们心里，只要做个日本人。在小事大事上，都可看得出。我们中国人，总觉做一个中国人不是可耻，也是不光荣。像我们在此世界总是二流三流似的，不得已而为之。倘使我们能做一外国人，岂不将大以为荣。所以到了外国留学，不想回来，但留在国内的，哪个敢看不起他们。入了外国籍，一样受重视。若我对此加以批评，这只证明我之落伍与顽固。但我们决不能说中国人不爱国，决不能说中国人脑子里没有中国文化。愈是乡村老百姓，愈是无知无识，愈是脑子里忘不了一个中国。年轻人到外国去，学得新思想、新潮流，也就另有一套。我们从这一点讲起，觉得我们实是变出了格去，变到我们失了常。若说日本人也有毛病，或许其毛病在其资本主义发展过速，同我们的毛病是两样。

我此次去日本，私人接触很少，曾访问了一位已经退休的教授，他曾在中国留过学。他向我说，他失败了，他有一个儿子一个女儿，送到外国去，今天都不回来，只留老夫老妻两人在家中。他还指着旁边一位朋友说朋友比他自己好些，一个儿子出国，还有两个儿子在家。我说这是你所见不广，在我们台湾，儿子女儿都在外国结婚出嫁，将认为是家庭之成功，哪里是失败。至于老父母在家，老了没有人管，这是父母心之所愿，求之不得的事。从这一点上，似乎日本人比较中国人还要守旧些。

我曾称赞他们十年来工商业之突飞猛进。这位日本退休教授说："明治维新，实际上也可说是我们日本人的不耐烦。今天则是我们又一不耐烦。"他讲得很委婉，我也没有和他仔细谈下去。我想他话中有深意。在我看，今天每一个日本人，还觉得要做一日本人。这一事，似乎我上一次去和这一次去都一样。至于不耐烦，似乎中国人更是不耐烦。

讲到明治维新，照我上次去所知道的，变的果然多，不变的也不少，有变也有常。大的如天皇制度，小的如穿和服、下围棋、讲茶道，这种种，日本人还能不失其常。求富求强是一件事。一个日本人，本分以做一日本人为荣，这又是一件事。今天我们，变到失常、反常，甚至讨厌到中国字，乃至中国人，这岂不是一项大不耐烦？我们只该讲"文化"，却不要讲"文变"，文变就会出毛病。我是一个中国人，这个大本大根不该摇动。今天我们要讲文化复兴，只有把这根本放正，经过几番大风大雨，吹得树根露在外面，摇动了，快倒了，我们该把它扶正。这一百年来的欧风美雨，给我们中国四千年那棵老树吹到这样，我们该快扶正，不该想连根拔起，重来种一棵。待这树根本安定，结了果，散下种，自然会再生，不能把它切掉。

五

我很想提倡，我们留学生也该多些人到日本去，又该多些人到欧洲去，欧洲是西方文化本源所在。从前日本侵略我国，我很讨厌日本人，但今天我感到日本人大本未摇。麦克阿瑟在日本，限制他们使用汉字，尽量求减少，今天汉字在日本，慢慢儿愈用愈多。日本的汉字，并不妨碍了他们的工商业繁荣。在中国一百年来"速变、全变、大变"的理论有许多讲不通，不如到日本去作些参考。转益多师是吾师，不要太死心眼，尽钻一个牛角尖。

我还记得，我第一次去日本，看到他们初获自由后第一个全国大运动会，在开幕仪式中，有两面大锣导行，两面大锣之后又是两盏大灯笼，这全从中国学去。我想日本之有今天，至少他们能不忘旧。就日本讲日本，他们觉得日本的都好；在中国讲中国，中国人则觉得中国的全要不得。双方对比，我不知哪一方更对些。且暂不讲理论，且讲存在于我们内心的，为何我们有"凌波迷"？为何我们有"七虎迷"？这是我们的内心真情，只为我们急要前进，要变，使我们陷在一失常的病态下。我今天这些话，或许同诸位讲，诸位还能听得下。这是我内心之大幸。

今再说，我们要来复兴发扬中国文化，当从何处着手？固然我们有种种应该变，政治、经济，乃至很多技术理论都应该变，但也究有不该变之所在。我想在今天世界，可以做我们榜样的，近有日本，远有以色列。我们至少该学学他们。若定要学美国，试问我们将怎样的学法？在这世界大动荡中间，我还是要举上面所说那位日本教授的话，我们不要不耐烦，我们该拿出我们的真心，不要把理论来造成许多假意。我今天就讲到这里。

四　文化传统中的冲突与调和

一

我每一次讲的题目，前后都衔接，相互会通，有其内在的关系。上一次讲"文化传统中之常与变"，今天讲"文化传统中的冲突与调和"。有了冲突，所以要变。亦可说，文化传统中有了变，就引起冲突。冲突必该设法调和，能调和，所以得成为"常道"。也可说，文化中发生冲突，只是"一时之变"；要求调和，乃是"万世之常"。因此今天所讲，和上一次讲的在同一意义里面，不过讲法不同而已。

文化是一个生命，这生命是一大生命，不如我们每一人的小生命；同时是一长生命，不如我们每一人的短生命。因此在文化传统里面，必然包涵着长时期和多方面的活动，因此文化定有个大体系。在此大体系中，自会不断发生冲突，也就得不断寻求调和。任何一个文化体系，不会没有冲突，其所绵历的时期太长，而中间内容又太复杂，总得要产生有冲突，而又不能老是冲突下去，又一定要得一调和，即如我们每一人短时期的小生命，都有新陈代谢，吸收排泄，满身细胞血液，一切都在代谢中，吸收新的，就同旧的冲突。于是排出旧的，但依然还是一生命，还是这一个身体，正贵中间有调和。

全世界各民族，各体系的文化，都逃不掉此"冲突"与"调和"之两面。把西方和中国来讲，一样都有冲突，都要调和。不过大概说来，似乎西方文化冲突性更大；而中国文化则调和力量更强。这不是说中国文化无冲突，不过没有像西方那样冲突之大；也不是说西方文化无调和，可是它的调和，却没有像中国文化那样的强。我们从这一点，试举出一简单的例来讲。

六十年前的西方文化，早已散播到全世界，整个世界都已在西方文化的统制下，听它宰割。那时西方文化中的帝国主义，资本主义，殖民政策，向外发展，亡国灭种，其势不可当。它之向外，显有一种冲突力量，但同时亦存在其本身之内部。当时世界其他民族和国家，固然无法来对抗西方，但在西方文化内部，终是发生了冲突，于是产生出第一次世界大战。德、奥、意在一边，英、法、俄在一边，你死我活，不仅是对立，而成为不可并存。虽名为世界大战，实际只是西方文化的内部冲突。在我们觉得，此种冲突，未尝无调和之可能，倘使他们中间能谋得一调和，没有这一场大战，则今天的世界，还不是仍由欧洲人一手统治吗？然而终于发生了大战。这场大战以后，欧洲人有没有觉悟呢？可说是没有。他们还是不断地冲突，在很短时期内再来第二次大战。

在第二次大战中，主要插进了一个东方的日本，日本亦因接受了西方一套帝国主义殖民政策的文化，乃也加进此冲突中，造成了第二次大战。这两次大战，简单一句话讲，乃是西方文化内部自身之大冲突。第二次大战以后，帝国主义垮了，于是有今天的联合国。试看今天世界新兴国家有多少，这都由西方文化内部发生冲突，经它吞下去的东西都吐了出来。但是今天西方文化在此两度大冲突之后，还是不能走上调和的路。今天像英、法、德、意许多国家，都已退到较不重要的地位，而成为美、苏对立。美、苏还是从西方文化传统中来。一面讲"个人自由"，一面讲"集体统治"，那还不是一大冲突吗？但请问个人能不能脱离集体而存在？集体能不能没有个人作基础？这两面本不该冲突，而在西方，显然成了大冲突。今天，一面是自由，一面是极权，这世界就分站在两面，这还是受了西方文化力量的控制，还是一个冲突性的表现。倘使这一冲突不得调和，第三次世界大战恐怕还会来。我们现在且不讲这问题。

二

试看美国和苏维埃的内部。美国人为求宗教自由，千辛万苦脱离了其祖国英国，而跑到美洲去，但同时他们大批贩买进黑奴，这和寻求自由成为根本一冲突。美国在其文化新兴下，已然自己制造起冲突，下边就造成了南、北美战争。幸而没有把美国分成两部分，南美、北美还是共同一美国，这是林肯总统一大贡献，但是黑奴问题则没有解决。直到今天，美国北部华盛顿、纽约，芝加哥等大城市，到处有黑人区。可是今天的美国，不仅有黑白冲突，同时又有青年人和中老年人的年代冲突，其他又有妇女问题、劳工问题等种种冲突。欲求解决此种种冲突，就该有调和，但如何般的调和，则尚未见端倪。

其次讲苏维埃，它是一个集权统治的国家，和美国不同。美国的问题多产生在个人自由上，苏维埃有一个强有力的集权统治在上面，可是赫鲁晓夫起来清算了史太林，这是翻天覆地一件大事，一个大冲突。在史太林时代，好像史太林就是苏维埃，苏维埃就是史太林。赫鲁晓夫清算了他，又好像苏维埃就是一个赫鲁晓夫。而今天的赫鲁晓夫又何在？纵说共产主义则还是共产主义，然而主义究是一个空名词，须有代表这主义来活动的人，而在人事上，则一刀又一刀地斩断了。在赫鲁晓夫和史太林之间是斩断的，在今天苏维埃的统治者们和赫鲁晓夫之间又是斩断的。此下苏维埃将如何，我们不晓得，但集权不能成传统，新集权接不上旧集权，永不能一口气承接下，这国家、这主义，究竟将安顿在哪里？由史太林而赫鲁晓夫，而到今天，不又是一个极显著的冲突吗？

这一冲突不能去掉，苏维埃也决没有前途。

当然我们不在帮他们预测下边怎样，可是我们有一句话可讲，说西方文化的冲突性特别强，强过其他民族的文化。似乎西方文化的本质，冲突胜过了调和，应该可以调和的也变成冲突。我们只从今天的欧洲，回头来看西方的历史，他们不断地发生冲突，而且都是很严重。如他们的中古时期，是一封建社会，亦是教会的天下。但从中古时期变到近代欧洲，这里便有一番大冲突。最先，就是"文艺复兴"。在教堂里读到他们古代希腊、罗马的书，觉得人生不是只求一个灵魂而要关闭在教堂里。他们要向外面世界有种种活动，要看重一个肉体的人生。故说"由灵返肉"。在我们讲来，肉体定要有灵魂，灵魂则寄托在肉体内，不是应该调和合一的吗？然而在西方人脑子里，灵肉间却起了冲突。今天的西方人，则是肉体胜过了灵魂，才有现代的帝国主义、资本主义，以及此外的一切。

因有文艺复兴，而带来了工商业革命。新都市、新工业、新商业、新机器，不断革命，而造成了今天世界的物质文明。在先中古时期，也不是没有人生，但主要看重在精神方面，上帝、教堂、祷告，唱赞美诗，和今天这个极端的物质文明世界中间，显有一个大冲突。

而同时新工业则从现代科学来，现代科学和宗教间，又发生了更大的冲突。上帝创造世界，创造人类，地球为人类所居，是宇宙之中心，科学上绝不承认这些话。上帝造人，是由人犯了罪，放谪到地球上，将来待他悔过赎罪，再回到天堂。是否有此天堂，科学也不管。科学只来造物，今天什么新东西，都由科学创造。但科学有一缺点，是它不能造人。一切东西，像是愈造愈好，愈发明愈进步，但人类自身要不要进步呢？现在有了电脑，似乎有些处比人更聪明。有种种问题，只要投进电脑，它会帮助人解决。但电脑只是一机器。慢慢科学更进步，可以造出各种机器人，帮助看门、打字种种事，但机器还是由人造，而没有造人的机器。医学进步了，从前人多数活到六十、七十，现在可活八十、九十，将来可活一百、一百二十，这在科学上讲，似乎很有把握；但人的寿命是长了，人的本质又如何呢？科学既不能造人，只能使人长寿多活，如此则坏人一样受科学保护，一样可以多活几年。所以科学并不能来领导整个的人生。科学只是由人发明，而今天我们人就在种种冲突，种种不调和的状态下，最严重的是"科学"与"宗教"的冲突。从前在宗教时代，人还能懂得谦虚，知道自己的罪过，还能忏悔，还认为上面有高过我们人的上帝。今天有了科学，要怎样便怎样，要上月球，便上了月球；要造机器人，也造出了机器人；要长生，也就得长生。但我们要一个不冲突的世界，要使天下太平，今天的科学还是不胜任。

美国人先有了原子弹，苏维埃急起直追；苏维埃先来了太空科学，美国人也急起直追。但使这个世界，都用原子弹，都能上太空，是否可使一切问题都解决了呢？我这一段话，只是讲西方文化在其本质上冲突性很强，我们也不是凭空讲，乃是根据历史，把大家知道的大事件来讲。

三

中古时期以前的一切，我们也不必多讲。总之我们可以证明西方文化确实冲突性很强。一两百年来，西方文化传布到全世界，我们中国也接受了，遂在此全世界乃至我们中国，平地添出许多冲突。我们则就在此冲突中间过日子。专从中国讲，就有两种大冲突：

第一，是"内外"冲突。中国人都看不起内部自己，而要看重外洋。

第二，是"新旧"冲突。旧的是我们自己，新的就是外国。今天我们是看不起旧的，只要新的。

我们这一百几十年来，就永远在这冲突状态之下。

我们这个社会，在这一百多年来，接受了西方文化而不断地发生了冲突，这暂不讲。更不好的，是我们认错了，以为西方文化长处正是在能冲突，不知冲突只是西方文化中一短处。也并不是说文化中不能有冲突，但冲突总要求"调和"。而西方文化中冲突力量过强，调和力量太弱；而我们现代中国人，则似乎就要来羡慕人家这许多冲突。自己没有冲突，要来制造冲突。即如西方有"文艺复兴"，这是西方历史在人生上一个大冲突，我们现代的学者如梁任公，便说，中国也该来一个文艺复兴才好。但西方的文艺复兴，是他们在中古时期的教堂内读到古书，发现了从前的希腊、罗马而起。中国则五千年来还是一个中国。中国讲孔子，两千五百年来还是一孔子。孔子讲尧、舜、禹、汤、文、武、周公，亦已两千五百年到今天。在中国历史上，既无一中古时期，又到哪里去找一个文艺复兴。

我们既无文艺复兴，便硬要说我们只在中古时期中，又说我们仍只是一个"封建社会"，该打倒。但中国的封建是在春秋以前，秦以后中国统一，没有封建了。孙中山先生只讲过当时许多军阀有"封建头脑"，是说他们不懂社会已变，时代不同，而他们还想割据。中山先生只是这样讲，并没有讲中国是一个封建社会。

中国封建社会早没有了，而还要来打倒。而且诸位看中国历史，我们在什么时代才打倒了封建的呢？其实也没有。中国的封建，在调和中而不存在。今天我们要打倒封建，儿子违抗父母，即说你是封建，这一冲突，却深入到我们每一家庭里。甚至我们政府来台湾，台湾受了日本统治五十年，当前这二十多年，重回祖国怀抱，那是何等可庆幸的事，但是我们少数台湾青年跑到美国、日本，便来提倡台湾独立，这不又是在无冲突中要来制造冲突吗？

我今天要特别提出讲的，就是我们这一百年来，太过羡慕西方文化。西方文化不断有冲突，在冲突中表现出一股力量，这个力量是可怕的。回过头来看自己，好像无精打采，有气无力的，怎么老不会冲突，遂误谓中国文化的缺点就在这里。乃要在无冲突中制造冲突。不知中国文化之伟大处，乃在能"调和"。

一个国家、一个民族，不能老关着门，该要开门接受外面的一切。尤其是今天科学发达，我们关不起门来。目前大陆还想关门，我们并不想关门。多方文化接触，外面新的东西进来，我们该吸收；当然有些旧的也可排斥。但在这"吸收新的"和"排斥旧的"中间，要有一"调和"。若要把全部旧的一齐排掉，这是不可能。

今天大家说，我们是工商社会了，和农业社会不同，我们的人生观、人事活动，乃及一切理想信仰，这些都是旧的农业社会所有，现在已是新的工商社会，一切该变了。此话固亦不错。今天科学发达，当然成了一新社会，可是诸位当知，在中国历史上，早有工商业，不能说中国只是一农业社会。在孔子时，他的学生子贡就曾在国际间做生意。此后有陶朱公，据说是越国大臣范蠡化名。陶朱公以后有白圭，做到魏国宰相。白圭以后有吕不韦，当时传说秦始皇是他的儿子，他亦做到秦国宰相。但他们都是商人，可想这时的中国社会，已决不全是一农业社会。近代欧洲人，商人跃登政治舞台，政治家退为一商人，也不过如我们战国般。那时的中国，就已有了新工业和新商业，但在社会上并无一个新、旧冲突，正为中国人能调和，调和的工夫，做得使大家不知不觉。

如那时贩盐，是一门大生意。大家要吃盐，而又只有沿海产盐。山西有盐池，四川有盐井，那都是极小量。若使贩盐商人可以专利，便可做大资本家。又每一家庭都要使用铁器，若使聚众在山开矿制铁，营销全国，获得专利，也可做大资本家。但中国在汉武帝时就有"盐铁公卖"制度，不让商人专利，资本主义自然就不能产生。

中国远从汉代开始，就有了此一种新经济政策，直到今天。所以中国并非无大工业，亦非无大商人，又非无大都市。即如扬州、广州，历代都是大商埠。中国的工商业发达，远早于西方，但中国绝不产生资本主义，没有资本家，正因为中国有一套政策。中国人并不要在农业和商业中间兴起冲突，而只要一"调和"。这是中国文化绝对长处。

倘使美国人亦懂得中国历史上这些道理，钢铁大王、煤油大王、铁路大王，都可以不产生。直到今天，西方的工商业，还是永在冲突中。美国最近不又闹经济问题吗？美国的经济问题，其实还是在他们自己内部工商业间不断有冲突。通货膨胀有不好，生产紧缩也有不好。有些人利在此，有些人利在彼。但主要总是冲突易见，调和难求。国内如此，国际更然。

今天西方的新科学，新的工商业，跑到中国，中国社会上也便起冲突。但我们不懂有调和，认为多起冲突，便是更接近西化。

在中国本无无产有产之"阶级"分别与冲突，毛泽东夺取政权，定要来划出分别，制造冲突。自己政权不够力量来统治，遂有所谓"一面倒"。在北平天安门上悬挂马、恩、列、史、毛像片，这是中国历史上前所未有之大冲突。把中国自身一刀切断，上一截不要，把下一截接上苏维埃。但不料苏维埃那边不久就起了大冲突。赫鲁晓夫把史太林打倒，这却苦了中国马、恩、列、史、毛的新传统，不又要改成马、恩、列、赫、毛吗？这事大大不成。纵使毛泽东这样做，赫鲁晓夫又被打倒，毛泽东又当怎办？所以逼得要讲"毛泽东思想"。若说他反美是应该的，因他信共产主义，美国非反不可；但还要反苏。毛泽东为何这样？其实毛泽东也有他不得已苦处。

一个国家、一个民族，不能把生命寄托在别人身上。别人家有变，我们不能尽跟着他变。自己应有一个"文化传统"。出了问题，只能靠自己。我们这一百年来，只想靠抄袭模仿西洋文化来救自己，而不幸西洋文化又是一种内部多冲突的文化，我们要抄袭模仿它，于是在无冲突中造冲突，遂变出"毛泽东思想"，这正是一百年来我们刻意要抄袭模仿西洋文化所得来的结果。此事若说离奇，却极真实。

四

　　今天我们正该回过头来，从中国自己传统中来救中国。自本自根，自力更生。外边的不是不可要，但要来了该能加以调和。我不是说要凭着中国自己文化来排拒外面的一切，这事不可能，而且不必要。我们该把中国文化为本，吸收外面其他文化。今天他们之间正苦冲突太多太大。我们吸收外面文化，主要在能加之以调和。这一调和，则非凭自己力量不可。

　　你要能消化，便要自己肠胃强。现在讲到了一个重要问题，即是中国文化的自己力量究竟在哪里，中国文化的真实生命究竟在哪里？诸位此刻都爱讲个人自由，大家都想学美国。但孙中山先生早就讲过，"中国不是自由太少，而是自由太多"。由欧洲人来讲，没有个人自由，也就没有欧洲文化。我们正为无条件信受了这句话，遂说中国根本无自由、无文化，遂一意模仿西欧。但我们又要反抗来自西欧方面的武力侵略、经济侵略，于是过激地又转到另一极端共产集体主义的一面去。但忽略了中国的文化内力，自己的生命根本究在哪里？如何把自己的来调和人家的？

　　即如我们中国人看重家庭，这在全世界各民族各文化体系中都没有。讲到家庭，中国人便会讲到"孝"。西方耶教讲"博爱";中国墨子也讲"兼爱",孔子则讲"仁"。我们只能说仁中有爱;而爱不即等于仁。韩愈说"博爱之谓仁",但爱并不就是仁。所以《论语》所重只讲仁,不重在讲爱。仁的中间当然有爱,但这"仁""爱"两字应有一分别。

西方人讲爱,中国人讲仁,可以相通,而并不是一个。中国人说"孝弟为仁之本",孝弟中间就有爱。孝父母,便对兄弟姊妹也有爱。中国人从"孝心"生长"仁心",有了仁心自有爱,哪能说要排斥了孝,才能完成我们的爱呢?若连父母都不爱,又真能爱谁呢?这是中国人想法。科学则根本不管这些事。

耶稣教讲博爱,说上帝爱我,我爱上帝。他讲爱的真实根本,似乎在上帝那边。所以说,"把爱上帝的心来爱一切人类"。可见爱人类,须经过一番曲折与迂回,并不能直接有爱。所以西方人的帝国主义、资本主义,似乎根本上同耶稣讲爱有冲突,但他们不自觉。他们贩卖黑奴,却还要教黑奴来信耶稣。黑奴也信了耶稣,但直到今天,黑、白界线依然存在。西方人到东方,如印度、马来亚、印度尼西亚、中国香港等地,都要先做了他们的殖民地,再来叫大家信耶稣。即论香港,信耶稣的不晓有多少,但英国人实际并不爱香港人。没有了一份真爱,耶稣教自会没有一个基本。

西方人认真讲的,却是男女恋爱。上帝生人,便是一男一女。男子长而愿为之有室；女子长而愿为之有家，男女间当然有一种爱。这一种爱，又说是要把两个结合成一个。在恋爱时是这样讲，但到结婚后，又说结婚为恋爱之坟墓。而且既有自由结婚，又有自由离婚。自由结婚，可以上无父母；自由离婚，可以下面不要子女。于是西方家庭，遂成为一夫一妇的。但在此一夫一妇之间，又各要加上"自由"和"平等"，这终将产不出理想的家庭。因个人自由与相互平等，其间易于发生冲突。

照中国人想法，一男一女，配合在一个家庭之内而成为一夫一妇。这个家，就"融化"了此一男一女；这一男一女，也就融化在此一家里。既同在一家之内，大可不必再各争自由与互论平等。在中国，就变成修身、齐家、治国、平天下一路贯通下去。今天我们接受了西方文化，父母之命，媒妁之言，自该有些变。但也不是接受了西方的自由结婚，便要打破中国的传统家庭。我们能不能在这中间有一番"调和"呢？

在今天，西方盛行性解放，只有男女之爱，而并不要婚姻之结合，我们是否也该模仿呢？又将如何来求一个调和折衷之道呢？我们并不要主张复古，如说婚姻定要父母之命媒妁之言；但我们也不能定要废古蔑古。在中国文化传统中有一个"家庭"，结婚是成家之始。我们并不要提倡守旧，但也不要忘旧弃旧。这里有一"分寸"很重要。中国文化本有一套调和的力量很伟大，也可说这是中国人的大聪明。但在此处又如何来运用呢？

佛教来中国，是在中国魏晋南北朝、隋唐时代，是一个大门第大家庭的时代。那时的中国人，一面信受了一个出家的宗教；而另一面又保留着一个大家庭传统，在其间却没有发生冲突，这实是一大问题，值得研究。后来明末清初，耶稣教到中国，他们教士懂得天文、历法、数学一切那时科学上的新知识，获得中国人仰慕去信耶稣教。可是中国人，一面信耶稣，一面还要在家里拜祖宗。远在南北朝、隋唐时代信受佛教，也就如此。耶稣教士把此情节请示罗马教皇，教皇下令不允许，说有了祖宗就没有了耶稣，为此阻滞了耶稣教在中国之流行。直到近代，耶稣教始真在中国流行，但中国人还是一半一半，有些不拜祖宗，有些还是偷偷地拜。外国教士也一眼开，一眼闭，不太严格去管这些。我们中国人，一面喜新，一面又恋旧。新的拿来，中国人用个方法去和旧的调和。但近代的中国人，却不肯再在此上用工夫，定要把新的来全换却旧的，这是近代中国一大毛病。

从前我们的家，父亲、祖父、曾祖父、高祖父，多半住在一地方，坟墓祠堂也就在家的附近。到今天是不行了，我们要带着一个家到处跑，不再老在故乡，这是我们的新社会。可是我们总还要一个家。能不能把新社会和我们的旧家庭有一调和呢？这是我们目前一问题，每一人每一家几乎都遇到此问题。到这里，要把我们每一人的聪明来对付，这是一个现实问题，在这里显有冲突。但必然要调和，不该不讲调和讲打倒。

五

现在蒋公提出了"复兴文化"的口号，伦理、民主、科学，是复兴文化"三要素"。若说科学、民主来自外国，伦理则是中国的。这三样东西又怎么来调和，我们是否能保存了旧伦理而又采用了新科学？又能否在家庭中也采用民主精神？现在台湾经济繁荣，和一二十年前大不相同。但我要告诉诸位，"节俭"是中国一个旧美德，今天因为新的工商业新经济，而渐渐造成了我们一种奢侈的新风气，我们能否再把节俭旧美德保留来和新的工商业经济配合调和呢？我十年前到日本，他们的观光旅馆，只许外国人住，日本人绝不去，他们只赚外国人的钱。今天似乎稍为不同了。但今天我们台北市的观光旅馆，十人中却有八九个是中国人，这不是在奖励中国人自己化钱吗？像此类的问题，若尽讲下去，便慢慢变复杂了。可是诸位要记得，我们固然说不是要复古，但也不能把古的全灭掉；我们不能守旧，但旧的也不能一起丢。新旧、古今，该有一个调和。怎么样来调和？则要看我们的聪明。

在我则信中国文化是最能调和的，所以五千年到今天，中国还是个中国，愈衍愈大。中国人有一大生命、长生命；

不比西方人遇有冲突不能调和，有了罗马就没有了希腊，没有了罗马才有现代欧洲。有了英国、法国，便不能再有德国，所以要引起大战。有了个人自由，自不能有集体统治。反之亦然。那么将来美、苏两国，还是不能兼存。欧洲文化固是很可爱，但最重要的科学和宗教，又像会不能并存。我们正要把中国人向来一套善能"调和合一"的聪明和大理想，推行到世界，使欧洲文化乃及其他各民族的各种文化都不冲突，都得调和，这才能到达中国人之所谓"世界大同"。然而我们又从何道路来达到此境界？

孙中山先生讲的"三民主义"，在当时，德国希特勒是在讲"民族"；英国、法国人是在讲"民权"；共产主义的理论主要像是在讲"民生"。中山先生却要把当时欧洲人所讲的不同政治理想，全把来汇通合一。革命也是外国花样，这就是由这个来打倒那个。但中山先生革命成功便要讲"五族共和"。今天打倒了满洲政权，明天便要讲汉、满、蒙、回、藏一家。我们只举近代中山先生一人来做中国代表，已够得伟大。又如日本人无条件投降了，蒋公却说，前面一应旧账不再算了。中国人是有那一套，这是我们的文化传统。若使我们每一人知有这一套，每一人都能不忘本，不忘旧，则每一人皆可在自己的环境之下，来迎合世界新环境新潮流而得其调和。最简单地讲，只要每一人的这一个家庭，仍会能保留，中国社会也自会有前途。

今天我们做父母的叫子女去到外国留学，却说你可不再要管我，你将来学成不归也不要紧，莫要老记着我们。这对子女固是慈，但却不要子女能孝。如此下去，中国的旧家庭是决然会没有的，而中国整个文化传统也将会破坏。我想这里面定会有一个调和之道。在这种地方，有关每一人的私人切身的，我请诸位莫要忽了。所以我今天挑个题目来讲"冲突与调和"。在今天，这"调和"两字或许很少人肯讲，好像一要调和，便成为不三不四、非驴非马、不痛不痒，总是不好。但中国文化长处却就在这里。我们一面固要采用西方长处，但一面也该把中国自己长处用来相调和。这是我私人想法，请诸位注意。

附录　讲辞大纲

一

文化是一大生命。

文化是一绵历着长时期的大生命。

因此，在文化传统中，必然会包涵着长时期之多方面。

因有此长时期之多方面，所以在文化传统下，必然会时生冲突。

因其时生"冲突"，故亦时需"调和"。

二

就中西文化大体作一比较，似乎在西方文化中，"冲突性"更大。在中国文化中，则"调和力"更强。

若非蕴藏有甚多甚大之冲突，则在同一西方文化体系之下，不应产生了第一次大战又接续来第二次。

在此两次大战争时期，西方势力本已宰制了全世界，在其内部发生利害冲突，宜非不可调和，而终致于不可调和，此证在其文化本质上，深具冲突性，而因以随事而爆发。

在两次大战争以后，西方文化体系下之内部冲突，依然存在，而且不断有新冲突继续兴起。

最其著者，为"集体统制"与"个人自由"之对立，而形成了美、苏之两壁垒。

专就美国言，昔日之贩卖黑奴，即是在自身内部制造冲突。

南北战争后，此一潜在冲突，并未获得解消，而至今亦仍未有解消之良方。

就今言之，黑白问题以外，又有中老年与青少年中间之年代问题。

黑白冲突与年代冲突，固可分而为二，亦可合而为一。

即论苏维埃，在其内部，亦包藏冲突，随时可以爆发。

即如赫鲁晓夫清算史太林，而赫鲁晓夫亦同样被罢黜。罢黜赫鲁晓夫的，亦不免有同样被罢黜之危惧。

"共产主义"与夫"无产阶级政权"，只是一些空洞的虚名。在此一些空洞的虚名之背后，终不免永远有人事上之冲突与不调和。

"冲突"与"不调和"，此是西方文化大传统。

三

就历史上推，文艺复兴之与耶稣教，见称为"由灵返肉"。此显是一冲突。

工业革命与耶稣教，亦可称为是一种精神与物质之冲突。或称入世精神与出世精神之冲突。

科学与宗教，又显见相冲突。

科学家只管要创造新物，但不管创造人。如此刻之电脑与机器人，此是科学家所创造之人，但与宗教家心意中之所谓"人"大不同。

昔日一切由宗教领导的中古社会，变成为目前一切由工商业与科学所领导的现代社会，两者相比，其间正见有一绝大的冲突。

四

近代的中国，则正亦落入文化冲突中。

"新、旧"冲突，"中、外"冲突，而更大谬误，则在存心要制造冲突。

存心制造冲突者，误认为西方文化长处，正在其多冲突；中国文化短处，则正在少冲突。故要学步西方，则莫如提倡冲突，制造冲突。

当前吾国人，总爱说，"中国需要来一个文艺复兴"。

但在中国，有孔子与先秦，正如西方之有希腊，而中国却没有像西方般的耶教与中古时期，则试问，文艺复兴将从何处兴起？

另有一辈人，高呼要打倒封建。

但封建究在哪里？中国社会，究否该称为封建社会？要打倒封建，等于无的放矢，仅是制造冲突。

一部中国近百年史，一部近百年来之中国维新革命、新文化运动与夫共产主义崛兴史，大部分全是自造冲突，自趋破坏。

<h2 style="text-align:center">五</h2>

在异文化之接触上，本可有排拒，有吸收。

有可排拒，有不可排拒。

如工商社会之与农业社会，其在过渡中间容可有冲突，但不能有排拒。

在中国历史上，远在先秦战国时期，早已由农业社会转进到工商社会。

其时如子贡、如陶朱公、如白圭、如吕不韦，或是由一商人而跃登政治最高层，或是由政治最高层中人物来干商业，此等已为司空见惯之事，无足惊怪。

但农业社会固不当排拒工商业方面之进展，而工商业社会，亦不能排拒农业，而使其不存在。双方间似有冲突，而实可调和。

中国在秦汉时代，已走上了调和道路，而其调和亦大有成功。

汉武帝时代所推行之"盐铁政策"，即是一大显例。

其时中国，则早已是一个工商社会，只不许有资本主义。

自此以下，工商业递有发展，而资本主义则迄未成长。但不得称中国乃是一封建社会，亦无需要在中国社会而来提倡农民革命。

要提倡革命，要高呼打倒，只是要模仿西方，要从无冲突中制造出冲突，遂杜撰出许多新的假名辞，不符实际，而挑动冲突。

近代中国之大病，则正在此等杜撰不符实际的假名辞而来鼓煽不必要冲突的假冲突。冲突不断发生。但并不是在迎新的，只是在破旧的。

今天的中国，全部努力，乃在破坏旧调和，来制造新冲突。

六

中国文化传统，经历四千年来之不断调和，本身内部本可无冲突。

自有西方文化传入，而此项文化，则在其本身即富冲突性。则在其传入，必然会时有冲突，随事而起。

但我们运用富于调和的自己文化来接受此富于冲突之外来文化，自可使冲突转归调和，而终达于无冲突。

冲突既是随时而有，主要在求能调和。

惟调和力量，则必起于自身之内部，当从自己传统中求，不能向外求。

但近代国人艳羡西化，认为冲突是佳事，调和非美名，必欲制造冲突，不肯寻求调和。

毛泽东初攫政权，即高呼"一面倒"，其时则有意要建立一个马、恩、列、史、毛之新传统。凭此新传统，不惜向内向外，与举世相冲突。但一旦史太林被清算，倒向的外面起了变化，内部此一传统也就无法存在。可见凭仗外面，来向内自起冲突，此是天下最不可及之一桩大愚蠢。无奈近代中国，正在相率走此愚蠢路。

不仅毛泽东之一面倒如此，其他可资为例者尚多。

近代国人，爱呼自由，此"自由"一辞，亦是从外面拾来，作为我们向内冲突之藉口。

孙中山先生早已明白指出，中国自由太多，非太少。

中山先生之"辛亥革命"，乃以建立"三民主义"为目标，不以争取自由为号召。但国人很少能在此两者间加以区别。

又如家庭组织，乃是中国文化一大传统，但近代国人，为要争取自由，乃在可以无冲突之家庭中横生冲突。

不仅在大陆中共政权下要尽力破坏家庭，即在我们这一边，大家尽在要自由，亦不在要家庭。传统家庭亦正在逐步破坏中。

中国家庭，主要精义在提倡"孝道"。

孝中有爱，爱中有仁，故"孝弟为仁本"，此是中国文化大道生命所寄。

但仁中有爱，而仁非即是爱。爱中有孝，而爱亦非即是孝。

此"仁"与"爱"与"孝"之三德目，在中国传统文化中，有极深密之探讨，极精详之发挥。各有范围，各有分寸。亦是各有道路，各有目标。

近代国人，慕效西化，一味只知争取自由，遂不惜提出非孝主张，但排弃了孝，岂能产生出爱？没有了爱，又岂能产生出仁？

"仁"是人道之主。近代国人，则为要新文化，而宁陷于不人道，此之谓"无别择"。

耶教提倡博爱，但蔑弃孝道。所谓博爱，实非有真实根本。故帝国主义资本主义，皆连续产生于西方。与耶教教义相冲突，而西方人乃不知其冲突。

西方人高谈男女恋爱，此若可与其高呼个人自由之理想相调和。但由恋爱而结为婚姻，则双方间之个人自由，终是要打折扣。故西方人又说"结婚为恋爱之坟墓"。

故高谈恋爱，而终产不出理想之家庭。

由男女恋爱而结合之家庭，终于只是一代一代切断之小家庭；而况其一代一代中，又因不时自由离婚而生波，而短命。

由父慈子孝而结合之家庭，乃是一世代血脉相通之大家庭。

在此家庭中，一夫一妇之相爱以外，上可容父母，下可容子女，此是中国文化传统中所有的家庭，正是尚调和不尚冲突的家庭。

目前为要新文化，大陆家庭都已破碎，而我们这边，则也在日趋没落中。

七

西方人言"自由"，亦兼言"平等"，但正在力求平等中，引起了近代西方社会种种冲突。

如言经济平等，便有阶级斗争。言男女平等，亦引起了家庭纠纷。

但自由、平等、博爱诸名辞、诸观念，终是不可排拒，亦且可以不生冲突。

我们今天，不贵在援引此等自由、平等、博爱诸名辞、诸观念，来向自己文化传统起冲突；只贵在向自己文化传统中，迎进此诸名辞、诸观念而来"求调和"、"求融会"。

我们固不能复古，但亦不能废古与灭古。

我们固不该守旧，但亦不能忘旧与蔑旧。

而且中国文化，自有一套最能调和之特性与特长。

从前两晋南北朝时代，佛教传入，但中国士族大门第依然存在，而亦不妨碍了佛教之光昌。

明清之际，耶教传入，一时中国人群相信受，但仍欲保留自己文化中祭祀祖先之旧风。结果此等请求，为罗马教廷所排拒，使耶教在中国之流衍，为之延迟。

今天的中国，要迎合新潮流，自是不可厚非，但亦不可而且亦不能尽量废绝旧传统，此中正贵能调和。

须求"中、外"调和乃及"新、旧"调和。

<h1 style="text-align:center">八</h1>

其实人生本身，即便是一冲突，正需要时时处处能有调和。

举其最深切著明者：

首先，其"你、我"冲突。既生瑜，又生亮，你我之判，是人生自然一大冲突。

又如"死、生"冲突。既欲其生，又欲其死，死生之限，又是人生自然一大冲突。

其他文化，解决第一冲突者多赖"法律"，解决第二冲突者多赖"宗教"。

中国传统文化中，法律宗教，皆不占重要地位。其对此人生基本冲突所在，皆有一番安帖调和之甚深美意。

中国文化传统提倡孝德，即是一著例。

培养孝德，可使"人己"合一，亦是"天人"合一，即"自然与人文"之合一。

培养孝德，可使"死生"合一，即是"人鬼"合一，"祖先与子孙"之合一。

人生基本上两大冲突，中国文化，则在家庭中求调和、求融解，在培养每一人之孝德上建立调解人己冲突、死生冲突之心理基础。

但要"活孝"，不要死孝。要能"追随潮流"之新孝，不要拘守规格之旧孝。

要"大孝"，不要小孝。要能"公之于天下"之孝，不要私之于一家之孝。

今日追随西方潮流，要男女恋爱自由；但男女恋爱自由，也不一定同时便不能有孝。

要做一新时代新社会人物，也不一定便该要不孝。

此处正贵有调和，旧道德与文化旧传统，不一定全不可要。

保留旧的，不必要排拒新的。迎接新的，也不必要排拒旧的。

在外一切全是新，只我此一本身乃是旧。

保留此一旧的，可凭以迎接外来一切之新。

迎接外面一切新的，亦正为要保留此一旧。

吸收外面新的来消化营养我此旧。不能不要了此旧，又谁能来吸收新？吸收了，又用来营养个什么？

"君子无入而不自得"，自得之"自"，正是一个旧。

"反而求诸己"，此"己"也即是一旧。

"吾道一以贯之"，便是要把这一"旧"来贯通外来一切"新"。

"己欲立而立人，己欲达而达人"，要能站得起，行得通。先要有个"己"。没有了己，谁在站，谁在行？

要求文化复兴正在此，希望文化新生亦在此。

认为自己是一旧，先把来打倒，则一切完了，更无所谓新。

凭饮食来养胃肠，不是要毁弃了胃肠来求进饮食。

凭衣服来护皮肤，不是要褫剥了皮肤来求穿衣服。

目前的中国，已不是一个新旧冲突的局面了，乃是只要新，不要旧，一面倒，无冲突。

为要新的，先破坏旧的。旧的所剩无几，而新的亦终难出现。

正如胃肠健全，始能进饮食。皮肤完整，始能穿衣服。旧传统存在，始可迎接新的。渐得调和。

今日国人一意趋新，最怕言调和，更怕言守旧，始终只是个一面倒。

如何来一个"道并行而不相悖，万物并育而不相害"？此须发展我文化传统中"调和"之大美德与大本领。

五　文化的散播与完整

一

今天的讲题是"文化的散播与完整"。我们曾讲文化就等于生命，每一生命，定有一种向外"散播"的力量，也可说有一种向外散播的性格。如一树，种子散播出去，着到泥土再生根，一棵树可以变成几十百棵以上的树；草也一样。动物如水里的鱼，天空中的鸟，其他地上的动物，都由一个母体散播开来，就有很多新生命。从母体散播而有子体。文化既然像生命，自也能散播。

讲到今天世界各民族的文化，我们应该可以说，西方文化散播的力量特别大。如看我们台北市，电灯、自来水、汽车一切，都由西方散播而来。不仅都市，甚至穷乡僻壤。不仅台湾，即全世界，到处是这样。这不能不说是西方文化一种散播的力量。但我们从另一方面讲，不能说今天世界全都是西方文化了。电灯、自来水、汽车之类，只是在西方文化中之一项，我们亦可称之为"文明"。文明是物质性的，今天西方文化向世界散播，遍地皆是，也只是他们的物质文明，乃只是他们文化中间的一部分。

七十年前，我年轻时，我们中国大陆家庭妇女多在家中纺纱织布。那时还没有电灯，夜间只点着一盏油灯，在油灯下纺织。我们所称"男耕女织"，女的也从事家庭生产与劳作，和男人同样尽她们一部分的责任，这也是我们自己的文化。西方开始有"工业革命"，特别从英国的纺织业开始。他们的棉布大量销到中国。我们中国的家庭妇女就失掉了她们的一份工作。纺纱织布所得无几，大量为西方棉布所代替。中国的家庭妇女从此就失业了，变成无事可干。到后来，有了电灯，晚上像白天，举室通明，那时妇女在家里，又干些什么呢？直到现在，几乎十家中至少有三四家在打麻雀牌。既属无事可做，电灯又很亮，不觉得夜深，也不情愿就此休息。尤其有了电话，又有了汽车，更方便。一通电话，就可临时约几家，汽车一到就上场。我请问，这样子的电话接头，汽车来往，在电灯光下打麻雀，是不是就是中国新文化，或说是中国文化之进步？怕我们绝不能据此说西方物质文明传进了中国，而使中国文化进步了。实在没有这话，这只是中国文化受了西方物质文明的一种威胁，亦可说是一种引诱，而使我们文化变质、倒退，而甚至于破坏了。这究竟是不是这样呢？西方的物质文明传进到中国，它有一个力量，使我们社会受到威胁受到引诱而变质。从前中国妇女都在家里纺纱织布，有他一份家庭作业，今天变成游手好闲，没有事就打牌。这是我姑举一例。像此之类的尚多，不需我一件件的举。

现在再从西方一方面讲，西方人向外边散播他们的物质文明，在他们也并不是要散播他们的一套文化。他们只是要做生意赚钱，此即所谓"资本主义"。他们要发展工商业，把一切力量向世界各处散播开去，又何尝是要散播他们的文化？这也不需细讲。

二

讲到此处，就要讲到我们今天讲题的下边两字。文化有一种"完整性"，每一文化是一个整体，正像我们的生命，必有其完整性。树上一颗种子掉下地，生一棵新的小树，这颗种子是完整的，它是一个生命。一条鱼，一肚子的鱼子，固然不会全变成鱼，可是每一粒鱼子都有它一个生命的完整性，它该会变成一条鱼。这个我们叫它"种子"。生命有种子，文化也有种子。若使西方人所散播出来的，都是他们文化的种子，它到一地，一地便会生出西方文化。今则不然。电灯、自来水、汽车一切物质文明，这只是西方文化中一些花样，我们纵是接受到了西方文化散播出来的种种花样，可是并没有接触到西方文化一颗完整的有它内在生命的"种子"。

我们所接触到的一些物质文明，我们亦称之为科学发明。现代一切科学发明，都从西方文化开始。花样百出，一种种的新花样，只是来要我们的钱。我们多接受一份新花样，便多化一份钱，接受了他们资本主义的剥削。共产主义讲资本主义剥削劳工，这在一个工厂，一个企业机构里是这样。又一面是帝国主义与资本主义相连结的向外一种经济侵略。这一侵略势力所到，这地方的经济就受了剥削，我想这讲法也不冤枉。

但一切物质文明的背后是科学，科学则是一个世界性的，没有国家民族的界线。你能造电灯，我也该能。你能装自来水，我也该能。至少可以说，文化有它的特殊性，而科学则是共同的，备有一种世界性。因此我们说，科学也不即是文化，乃由文化中发展出科学，科学也只是文化中间一花样，并不代表着此一文化之完整性。如目前美苏对立，但他们双方都有科学。如太空科学，美国有，苏维埃也有。但我们不能说美苏是同一文化。今天东方的日本，工商科学突飞猛进，同美苏差不远，但日本有日本的文化，不能说它便是西方文化。这一分辨，是不该忽略的。

我们且不讲科学内容与科学方法，只来讲科学的精神。今天我们大家喜欢谈科学精神，但什么是科学精神呢？科学五花八门，范围尽广泛，我们从科学的发源处来看，如哥白尼发现地球绕着太阳转，不是太阳绕地球转，到今天已成一种常识。但在当时现代天文学刚在开始，没有今天般种种仪器设备，他怎么寻求到是地球绕太阳，不是太阳绕地球。而且那时西方宗教势力极盛，地球绕太阳转，是违背当时宗教讲法的。教会要烧毁哥白尼的书，还要哥白尼当众忏悔，说是错了。不这样，哥白尼就犯了人世间最大的罪恶。当时哥白尼也不得不当众宣布说他错了。但他还是轻轻地说，地球还是绕着太阳转。诸位当知，这里才可见"科学精神"。至少是科学精神之重要一面。重要在"寻求真理"，这是无利可图，而又要不畏强力的。不像现在我们学一项科学，在我自己的经济生活上可有大进款，有利可图，便不易见精神。哥白尼只要寻求真理，既是无利可图，而又要违逆着举世共信上帝创世的大信仰。在这里，才始见是一种科学精神。我们要了解科学精神，该从哥白尼的故事来想。这在现代科学最先发源时容易看得出。在我们这个世界里，凡一切事，能从"没有"到"有"，其间定有一种精神。大家认为太阳绕地球转，哥白尼要说地球绕太阳转，这正是从"无"此知识到"有"此知识，而开辟了一条新道路，打开了一个新局面。在这里，该有一种精神，我们要讲科学精神，也该从这种地方来认识。

但我们还要说明，科学精神也只是整个文化精神中一枝节。人类文化，也都是从没有创造到有，不断开辟新道路。如我们怎么会有今天般的伟大的中国和中华民族，这也是从没有到有，不断地开辟创造而来，这中间必该有一精神。说到科学精神，也只是在文化精神之内，不能说别有一种科学精神在文化精神之外的。但它不即是文化精神，而只是文化精神中的一部分一枝节。

三

我们此下所讲，要讲东方文化和西方文化精神的"异、同"何在。

都能从没有到有，都能不断创造，是其"同"。

但同中有"异"。如我们学他们的物质文明，总嫌不够。学他们的科学精神，也还是不够。若说要学西方文化的整套精神那更难。因人类文化绝不是单一性的，各有自己的一套。等于我们的生命，动物植物，千奇万态，不可能叫蚂蚁变蜜蜂，也不能叫蜜蜂变蚂蚁。我们要讲到文化的"完整"，此问题较复杂。且试最简单地来讲，试把历史从远处发源地方看下。刚才我讲科学精神，也就是这样。

西方文化开始，姑从希腊讲起。希腊只在一个小小的半岛上，而又是几十百个城市分立，不成一国家。他们所重要的，只是向外求取生存。如雅典亦只是一小市，要向地中海向非洲、亚洲各方面求生存，最重要的当然是做生意。所以希腊人开始就讲个人自由，个人独立。试想，一个人、一条船，远出谋生，那是何等精神？当然一条船出海，可以有好多人，然而为要做生意，谋取生存，海角天涯到处跑，在这上，我们就可想象到他们一种个人的"自由"和"独立"的精神。然而这种精神，到底团结不成一国家，所以希腊直到亡，还没有成为一国家。希腊亡了有罗马，罗马和希腊不同。罗马人讲法治，直到今天，西方人还要讲到"罗马法"，大家团结在一个法律之下而向外征服。他们不是资本主义，而是帝国主义，所以创出了罗马帝国。希腊、罗马，这是西方文化两大来源。一是个人的"自由"和"独立"，一是向外的"征服"和"夺取"。

同时另有一种希伯来精神，这就是耶稣教精神。耶稣教起自被压迫民族，他们讲的是"平等""博爱"。当时犹太人受尽欺侮，但只有上帝不欺侮他们。你打我这边脸，我把那边脸让你打。这是一种上帝的博爱平等精神，和希腊罗马完全不同。将来耶稣教变成为西方文化中间的一部分，他们也同有一个向外精神。佛教到中国来，没有像耶稣教那般的传教精神。多是我们跑去学，不是他们跑来教。印度人不像欧洲人般，一批批来中国传教。你不信，他会千方百计，用种种方法要你信。佛教传来并不如此，和尚蹲在深山里，由你去拜。耶稣教不同，这是欧洲精神。

西方到了"文艺复兴"以后，开始有一种新科学新的工业革命、新的企业精神。今天我们说科学精神，是一种求真理的精神，但西方科学所求真理只在物质上。还是太阳跟地球转，还是地球跟太阳转？苹果为什么只往下边掉，不往上边掉？科学精神配合上希腊的个人自由和独立，罗马的法治和向外征服，耶稣教的平等和博爱，共同向外发展，就成了今天的西方文化。

我们羡慕西方，要学他们，却不是件简单的事。试把两千年来的西方文化分析看，希腊、罗马、希伯来、现代科学、个人自由、平等、博爱、法律统治、向外征服，以及一切新的工商业，全把这许多配合起，西方文化是一种综合性的、复杂的、多方面组织而成。这和我们上面所讲自然生命不同。自然生命在一粒种子内；今天的西方文化，则是多种种子之化合。至少是组合的。

西方文化是一种复多的组合，亦可说，西方文化是一种多角形的发展。每一个角，有一个角的向外发展。如说宗教、科学、帝国主义、资本主义、个人主义，整个西方文化便可如此般分成多方面，而分途的发展。我们接触到的西方人，或是宗教家，或是科学家，或是企业家，或是政治、军事、外交、探险家等，人各一家，各向一条路发展。若从这一点来讲，似乎西方文化在其完整性上是有一点问题的。

我上一堂讲过"文化的冲突与调和"，说西方文化里面有许多冲突。今天讲他们多角性的发展，宗教科学，各色各样特殊性的人物，若讲得不好，即如庄子所谓"道术将为天下裂"。照理讲，宗教该是一全体性的。但耶稣说过，凯撒的事由凯撒管，上帝的事由他管。因此宗教不管政治，只管上帝和天堂的事。后来欧洲人从非洲贩了大批黑奴去美国，耶稣教徒并没有反对，只来向黑奴传教，也为他们讲上帝天堂。今天的共产党算得是忽视人性的集团了，但耶教不论这些。只要你是个人，我也该向你传我上帝的教。中国大陆有七亿人口，耶教只想跑进大陆去传教，至于大陆之共产主义，这是政治问题。正如贩黑奴是商人的事，他们的宗教家也不管。若依我们中国人想来，此中似乎有不易了解处，但此种精神则是宗教精神。耶稣又明明说过，富人入天国，像一只骆驼钻针孔，但今天西方资本主义盛行，耶教一样不管。

讲到科学，科学近似反宗教的，虽则他们中最高的科学家如牛顿、爱因斯坦都仍信上帝宗教，但科学理论究和宗教理论有冲突，所以到今天，科学愈进步，宗教力量愈退缩。但从另一面讲，科学反对宗教，却并未反对资本主义和帝国主义。现代科学，不啻为资本主义帝国主义虎上添翼，可见若要了解西方文化很不容易，其间很复杂。

试举几个最现实的眼前的例，美国政府承认我们政府，而且是友邦，但我们青年跑到美国去，美国人尽向他们讲台湾独立。这又是个人自由，政府管不到，这也算了。又如今天乒乓外交起于美国和中共之间，出乎尔，反乎尔，西方的一套，若用我们传统文化来相猜度，那真不易明白。只能说他们本是一种多角形的发展。在这一角度的发展，不能用那一角度来推说。

又如原子科学，只因美国有钱，英、法、德、意人都会跑到美国去帮他们做这个发展。若苏维埃有钱，应也会有人去帮他。论政府，英法和美苏各各对立。论个人自由，则又和政治不相关。现在美国经济衰落，虽还没有到恐慌的程度，但一切紧缩，外国来的科学家，也多没得事回去了。科学有科学上的发展，宗教有宗教上的发展，企业家有企业的发展，政治家有政治上的发展。每一人又各自有其发展。我上一堂讲西方文化本身内部的冲突，已经讲了很多，也只是要说明一点，即"很难抓到西方文化的完整性"。它是一个复多性的构合，是一个多角形的放射。各人有他一条路，各自无限地向前，五光十色正在此。到处冲突也在此。

四

现在说到中国文化，从头下来，与西方文化有异。若说它长处，则显见有一个"完整性"，而西方文化则是多方黏合。有其内在冲突，不相调和。我们且讲"组织"与"自由"，此两者间，在西方，又是一冲突。今天西方分成两大阵容，一方是共产主义极权政治的苏维埃，一方是资本主义个人自由的美国，这只是从大处讲。讲到小处，每一方之内部，还有种种的不调和。而中国文化则很重一个"完整性"。

我今天要问，中国文化的完整性究在哪里表露？我说，中国文化的完整性，正表露在我们中国人每一人的身上。中国人说"修身、齐家、治国、平天下，一以贯之"，而一切从每一人之身上开始。西方则不然，做一宗教家，该是要注重修身了，但他并不要齐家治国。科学家也有科学家们的修身，但也只要成一个科学家。发明原子弹也是科学，但不管到发明以后事。中国人又说"天下一家，中国一人"。整个中国只如一个人，整个天下则像一个家。美、苏、英、法诸国，也只是这大家庭中一分子。我们当知，世界任何民族，并没有如中国人这种想法。中国人似乎说，人便是文化种子，所以把一切归结到一个人。当然这一个人是完整的。由人推及到家、国、天下，于是一个家也是一完整的，国亦是一完整的，天下还是一完整的。所以中国人能由"个人修身"讲到"世界大同"，就在这道理上。

我们要能十足表现我们这一种完整性的人格的，中国人则称之曰"士"。这在西方似乎并没有这个字。现在我们只说士是一个知识分子，那么如科学家、宗教家、政治家、实业家等，都是知识分子，但并不如我们原来所讲的士。中国人原来这个"士"字，另外有一个讲法。孔子说："士志于道。""道"是我们人生大道，是一个完整的。"人道"可以上通"天道"，天人合一，便合在这道上。这又是一完整的。孟子说："士尚志。"所志即是志于道。道有穷通，孟子又说："穷则独善其身，达则兼善天下。"独善其身即便是修身，兼善天下则是齐家、治国、平天下。中国古人所谓士，要能负担着此一"文化理想"之大责任。中国自古即分士、农、工、商四民。农、工、商分负着人生"实际"工作，士则负担着此社会人群之所以成其为社会人群之"理想"。由此即见中国文化传统之完整性。宋代范仲淹为秀才时，即以天下为己任，他说："先天下之忧而忧，后天下之乐而乐。"这亦可说是中国相传所谓士的一种共同精神。人类社会该有一个"共同的忧乐"，但大家不去担心到这上，大家不担心，士先担心到，所以能先天下之忧而忧，而又能后天下之乐而乐。这一种胸襟与抱负，只在中国文化传统中有。明末清初，顾亭林的《日知录》上又说："有亡国，有亡天下。"亡国是政治上事，一个朝代兴亡，我们个人或许管不到。天下兴亡，则是指的人类文化理想，即中国人之所谓"道"而言。在此方面，匹夫匹妇有他的责任。诸位当知，这种精神则绝非科学精神，只在天地万物上求真；亦非宗教精神，重在出世，只管上帝的事。而中国"士"的精神，则是要入世、淑世的，亦可谓其有些像宗教精神，而对象则不同。至于此外像政治家、企业家等，以及一切所谓的专家，都和中国的士有其不相同。所谓"专家"，乃是各有专门知识、专门本领，来从事他的一套专门职业，来支持各自的私生活，都非中国之所谓士。

孔子又说过一句话，不见在《论语》上，而见在后汉许慎的《说文》上，说："推十合一为士。"一是数之始，十是数之终。就人言，一个人是人，全体人还是人。人是一完整的。个人达成其完整性，即可代表全体人类之完整性。所以个人能修身，成为完完整整的一个人，便可推而至于全世界全人类，天下太平，世界大同，还只是这一个完整。

就人之知识言，每一项知识，都该为全体人类服务，所以每一项知识，也该能得其通，能推扩出去，推扩到人类全体。在知识领域中，不妨有各项专门。而在各项专门知识上，则全该推到此共同领域。这是中国的文化精神与文化理想。当知此种精神，却不能把西方人想法来想。照西方人想法，宗教家科学家可以各行其是，互不相通。照中国人想法，无论学什么，先要学"为人"。学为人，要"尽人道"。所谓人道，并不是说权利义务。说我尽了一分义务，便该享一分权利。这权利义务，则分裂而为各别个人的，所以又要说自由独立。各人可以自由独立，而无奈这世界则太复杂了。人人争自由独立，人人讲权利义务，到处相互冲突，终于行不通，于是又要在自由之外来讲组织。所以西方文化终见其为分裂性，多冲突，而中国文化则重在"完整性"，尚"调和"。

今天我们要来讲复兴中国文化，我认为首先要复兴我们所谓"士"的精神。我们要开出此下中国的新文化，该要开出中国的"新士"，也可说士的"新精神"，也可说是"新士的精神"。我们中国人爱讲此"士"字，有男士、有女士。男的固然是个士，女的也该是个士，都要在此文化之完整性里做一人。每一人能符合此文化完整性的观念理想而有此抱负，才始是一士。中国人又说文士武士。文的是一士，武的也该是一士。在军队中，称士兵士卒，每一个军人都该是个士。都该能代表着此一个文化的完整性。就其存心言，就其人生理想言，就也该先天下之忧而忧，后天下之乐而乐。天下兴亡，任何一个匹夫匹妇，都该有责。都该尚志，志于道。一个当兵的，如何能来治国平天下，但不害我有其志。达则兼善天下，穷则独善其身。每一士兵，各能独善其身，试问此一军队是何等样的军队？

中国是一个士、农、工、商的四民社会，在开始时，"士"在农工商之上，该能由士来领导全社会共向此一条文化大理想的路上跑。但到今天，应该是人尽为士。有农士、有商士、有工士。照中国人理想，人则都该为士。但我们今天，却都把这一个"士"字不放在口边，不放在心上。人人尽要做一专家。若说我是一宗教家，但我们何以不可说是一个教士呢？中国从前的宗教家也称士，如道家称道士，和尚称开士。又说我是一个科学家，或是一个医生，但我们也可称之为科学士，或理学士、或医士。如一个艺术家，也可称艺士。如一个相面的，我们不也称之为相士吗？任何一种知识，任何一项职业，都该是一士。士则有同一理想，与同一抱负。孔子所谓"志于道"，孟子所谓"士尚志"，首先第一点该看重他的"志"与"道"。

《说文》上又说："士，事也。"一个士就有一份事。我们谁不担任着一份事？既担任着一份事，就该成一士，就看他的志和道。士贵能推十合一，将全人类、全民族、全国家此一完整大道为我之志，为我之道，放在我的身上，放在我的心里，修身、齐家、治国、平天下，一以贯之。大家同是一人，正贵能加上一种共同的文化陶冶，加上一种士的教育之修养。照中国人说法，尧也是个士，舜也是个士，文王也是个士，周公也是个士，孔子、孟子都是士。士可以为圣贤、为君相，圣贤君相却不能不成为一士。不识字的人，也可以为一士。陆象山说："使我不识一字，也将堂堂地做个人。"这人也便即是士。若在台湾举例，郑成功可以算个士，吴凤可以算个士。中国文化到台湾，便有郑成功、吴凤，当然台湾人可称得士的绝不止郑成功、吴凤两个。我们任何一人都可成一士，要使我们士的精神复活，这就是中国文化开新了。

西方文化中各种专家，都可包括在我们此一个"士"的观念之下。我们所以吸收西方文化之所在，主要也就在此士的身上。可是诸位不要误会，说西方没有士。西方社会当然也有士，但总不免是"家"多"士"少。或许他们自己没有觉察到。

五

依照上述理论，电灯到此地，就是西洋文化到此地；汽车到此地，就是西洋文化到此地，可是来的只是一枝一节。只要我们中国人到哪里，便是中国文化到哪里。因为中国文化生命则寄托在每一人身上。就历史讲，如殷末箕子去朝鲜，三国时管宁去辽东，士燮在南越，都是好例。我上一堂讲到中国有一华工丁龙在纽约，也就是中国文化到了纽约。

近代西方人到一地方，轮船、大炮、银行、教会一齐到了。中国人到什么地方，往往只是一个穷光蛋，铺盖都没有，伏在船舱里，私下跑进这地方。但中国人究能在世界各地站得起，亦并没有害人家，只是帮着人家忙。南洋没有中国人，也就没有今天的南洋。这和西方人到一地方先使你当奴隶，做殖民地，这个大不相同。诸位尽可说，西方文化之强，中国文化之无用，也就在这里，所以大家竞慕西化。只可惜我们把中国文化中最精要而又是最易简的道理全丢了。我们一意要学西方，学一个电灯匠，做一个汽车夫，也表示接受了西化。至于中国修身、齐家、治国、平天下，这一套大道理，中国古人照着这样做，才有今天的中国。而今天我们把这一套全丢弃了，一意学别人，那不可惜吗？若我们要回头来抓到中国文化的根本精神所在，我请诸位先做一个士。有一乡之士，如嘉义有吴凤，何尝是大官、大学者，负大名，立大业。你只要在家做孝子，在社会做一个奉公守法的公民。能担任一件事，便是士。若能推十合一，大而能先天下之忧而忧，后天下之乐而乐。不仅关心到中国前途，并且能关心到世界前途，这便成为天下之士。一乡之士与天下之士，同样是一士。若果能兴起中国之士道，诸位试看明天的世界。

我在此只能说，中国是中国，西方是西方，总有些不相同。中国这一套理想，极简单、极平易，大家都能做到。我们尽可自己挺起脊梁，负起责任，纵不能做天下之士，一国之士，但亦可各做一个一乡之士。我可以什么都没有，但有此一"志"，我们便能穷则独善其身。诸位不要看轻这一点，至少在全世界，没有第二个五千年文化到今天，没有第二个七亿人口到今天。不为中国能有此一套士的教育吗？诸位莫认为西方人总是了不得。英国人首先第一个承认了大陆共产政权，法国人次之，现在意大利又次之。明天呀！或许美国又次之。他们自有他们的一套。我们固不该看轻他们，但这里有文化不同。若我们要全学他们，不容易。我们这一百年来的经过，可以为证。

今天我讲中国文化的完整性，讲如何成一士，这是我们中国文化几千年传统精神所在。那是中国文化的种子，有了种子便会生根，会发芽，责任只在每一人身上。今天我们如喝醉了酒，如沉睡在床，但总该会醒回来。至少今天的西方人，也没有一个道可以救世界。年前美国新总统尼克松，跑到世界各地去，带着两位太空人，并送各国两块月球上的泥土，表示美国人之了不得。但太空科学也并救不了美国，这里面道理很复杂。西方文化尽有危险，危险在这多角上。多角发展愈向前，会愈远离中心，会把中心迷失。中国文化的完整性，则是寄托在我们每一人身上。

每人可以影响其他人。穷则独善其身，先影响我自己，其次可以影响到我家，影响到我朋友。达则兼善天下，就从这里达去。

我希望大家先立一个志，来复兴中国文化。先有一责任心，"天下兴亡，匹夫有责"。我想此一道理，实是伟大，而且既真实，又省力。信不信，则在诸位。

附录　讲辞大纲

一

文化既如一生命，生命则必具散播性与完整性。

如一树，每年播出数十百种子，成为数十百棵新树。

禽鱼动物，皆由母体播出子体。

此为生命之散播。

以近代文化言，西方文化之散播力最大。

试游目都市，如电灯、自来水、汽车、种种一切，莫非由近代西方文化散播传来。

即至穷乡僻壤，近代西方文化散播痕迹，到处可见。

不仅在我国，甚至全世界，到处如此。

但不能据此即谓全世界到处皆已西方化。

换言之，西方文化并不曾随此以俱来。

此等只是在西方文化中某几项物质文明。

"文明"与"文化"有别。

所谓"近代西方文化之散播力"，乃系专指其"物质文明"之一项言。

二

方在七十年前，中国大陆妇女，常在夜中菜油灯下从事纺绩。

男耕女织，勤劳生业，正是中国文化传统一美德。

但自西方工业革命以后，英国棉布入口，夺去了中国妇女的纺织工作，此刻中国妇女则只在电灯光下玩麻雀牌。

此非中国文化因西方物质文明之传入而进步。

从菜油灯转为电灯，在物质生活上，可谓是进步。

由从事纺绩转为玩麻雀牌，在精神生活上，不得谓进步。

男耕女织传统美德之消失，乃是中国文化受了西方物质文明之威胁与压力，引诱与麻醉，而倒退，而破坏了。

三

至于西方人向外传播其物质文明，乃由其本身资本主义工商业的发展要求，不得不然。

西方人向外传播物质文明，并非为传播文化。

说到此，便该说到文化之"完整性"。

凡属生命，则必有其完整性，如一草一树，一虫一鱼，苟有生命，其生命则必然为一完整的。

散播此完整性的生命者，我们称之为种子。

今姑说文化亦有种子。则如上举电灯、自来水、汽车，种种一切，都只是其文化整体中所表现之一花样，却决不能目之为文化种子。

四

因此，获得西方物质文明，并非即是获得了西方文化，或说是获得了其文化种子。

换言之，一切物质文明则都无生命性。

物质文明之传播，并非即是文化之传播。

中国的丝绸瓷器，从古早已传播到西方，但不得谓中国文化早已传播到西方。

在近代西方一切物质文明之背后，则莫不有一套科学发明。

科学发明虽非物质，但要之不离于物质。

故科学发明，必具共同性，世界性。

随于科学发明而俱见者，则为科学真理与科学技术。

一切科学真理与科学技术，皆具"共同性"，皆易传播。

但文化则必然各有"个性"。即各自个别的"特性"。

美国与苏维埃，同样可以发展科学，并可发展同样的科学，但不得谓美苏在同一文化道路上。

除西方白色人种外，东方黄色人种中有日本，在今日论之，最为能习得西方科学与其物质文明者，但不得谓日本是西方文化。

日本在物质文明方面，固是西方化，但就整个文化言，则日本文化自有个性，而其与西方文化间，有其甚深之距离。

五

今试从科学发明，科学真理，与科学技术，上推到科学精神。

只有科学精神，较与其文化整体更有深密之关系，为其他文化体系急切所不易获得。

如言科学精神，最好当从其发源处看，从其开始处看。

浅言之，如哥白尼发现地球绕日，此处庶易见科学精神。一则此项发现，反于当时所共尊信之宗教传统；又一则此项发明，绝非有利可图；三则在彼当时之天文学上，并无甚多凭藉，可资利用，几乎完全是一种凌空之特创。

阅至近代科学地位已代替了宗教地位，人所共尊，又有利可图，并多凭藉，易于发展。如此则近代科学之日趋发展，亦并非即是近代科学精神之更为壮旺，与更为蓬勃。

循此更前，或许科学日益发展，而科学精神则反而日益颓丧，亦未可知。

要之，凡属由无生有，打开新局面，创辟新道路，在其发源处，则必有一番精神存在。

若在已定的局面，已有的道路中，又为其他力量所驾驭，所运使，而只在原有业绩上踵事增华，此则未必见有真精神。

而且科学精神，也只是整个文化精神下一支，非可谓文化精神只是科学精神，亦不得谓科学精神即是文化精神。

今天我们高呼科学精神者，在上述各点皆当细辨。

至于只论科学方法，不论科学精神者，则又是等而下之。当知科学方法并非一种万灵药膏，可以随时随处使用。

六

此刻当继续讨论到中西文化精神之异同点。

一、中西文化各有其个别之特性。

二、中西文化均能由无生有，各自打开新局面，辟出新道路，此其同。

试言其异，西方文化，主要乃由几部分更端迭起的历史积叠堆垛而来。但在务于向外以觅取生存之一节上，则可目为其文化传统之共同精神。

如希腊精神，务于海外经商，即是一种向外觅取"生存"之精神。

个人之"自由"与"独立"，此等精神，亦相随而起。

罗马则为一种"征服"精神，在内为"组织"，向外为"夺取"。此乃一种"帝国"精神。但此种精神，实与希腊自由独立精神有抵触。

希伯来精神，即耶教精神，本为一种要求"平等"与"博爱"之精神。但在中古时期，耶教加入了西方阵容，罗马之组织力与征服力，一转而为耶教之向外传教精神。但此种向外传教精神，实亦与帝国向外征服精神有抵触。

自西方文艺复兴以后，又有一种新的工商企业精神，即资本主义的精神，苗长发旺。但此种精神，实亦与耶教精神有抵触。

至于科学，本应是一种纯粹的求真精神。但加入在西方之整个文化体系中，则终不免要与其他各种精神相配合，相融会，而不见能保持其完全之独立性。

由于上述，可见近代西方文化，乃由历史上堆垛而成的一种多角形的发展。

举其要者，有宗教，有科学，有个人主义，有帝国主义，有资本主义，有社会主义。凡其文化全体中所包有之各分支，则都成为各向一端分途发展之一尖兵。

言其文化中所孕育之人物，则亦分歧杂出。如宗教家、科学家、哲学家、文学家、企业家、政治家、军事家、外交家、探险家等。

如是言之，西方文化，其长处乃在多采多姿，向外传播。其短处则在相互抵触，并不完整。

亦可说，西方文化，乃至今未形成一"完整性"。

所以同一民族，可以有许多不同的国家。

同一宗教，可以有许多不同的教会。

同一社会，可以有许多杰出不同之人物，即如上举之各项专家。而专家与专家相互间，尽可有在基本上之矛盾与抵触。

此等种种专家，亦可说是一种人性分裂，各向外面一个角落发展，真如蛮之与触，各在一角尖，能入不能出，可以相去益远，而永不相关通。

在其中，宗教应该最富"会通性"，然而耶稣《圣经》已言，凯撒的事由凯撒管，上帝天堂的事由他管，则耶教初起早把此世界划而为二了。

科学也应该富会通性，所不幸的，科学自始即与宗教背驰，有冲突。科学日兴，宗教日衰。至于今日，终将见其为不两存，而断不能有相得益彰之期望。

更不幸的，科学迹近反宗教，却不反帝国主义与资本主义。科学乃长为恶俗势力所运用，其求真精神亦黯澹而不彰。现有之科学乃仅为富强政策与功利思想作伥鬼。

要之，西方文化，向外伸张是其长，而向心凝聚无力，不见一完整性。

譬之火，不是一堆熊熊之火，乃是一支向空升射光芒四散的烟火。

中国文化，则自始便有一极坚强之"完整性"。

中国文化之完整性，表现在每一人之身上。

故曰"身、家、国、天下"。由修身以至于治国平天下，一以贯之。其本在每一人。

又曰："中国一人，天下一家。"一个国，求其完整能如一个人；而一个天下，则可以完整如一个家。

此是中国文化之最高理想所在。

中国文化理想，主要在求完整，而能十足表现此完整性者则为"士"。

孔子曰："推十合一为士。"此语见于《说文》。

数起于一，终于十。一与十皆为一完整数。能从终极完整着眼，先建一基本完整。再能从基本完整出发，到达于终极完整。能符此理想者厥为"士"。

士又为仕事者之称。上所仕事，应以不背于人生理想之完整性为主。

故曰："士尚志。""志"即是理想。又曰："志于道。""道"即是文化之大全。人能以文化之完整大全为志，为理想，此即谓之"士"。

孟子曰："穷则独善其身，达则兼善天下。"

"善"则必是完整的，亦必是完整的始得谓之善。

天下不能一时俱善俱完整，但每一人则可以独立为善，先自成为一"完整"。

在其人格上无缺陷，在其德性上无漏洞。此之谓独善其身。

如忠臣与孝子，不待要君父受其感格，彼固可以独立自成为一忠臣一孝子。

范仲淹为秀才时，以天下为己任。"先天下之忧而忧，后天下之乐而乐。"此即是士的精神，只要以天下为忧乐，即是以天下为己任。此项责任，则负在其人之内心，而不关其外职。

顾亭林有言："天下兴亡，匹夫有责。"懂得以天下为己责，此匹夫即是"士"。能懂以天下为己责，亦即已尽了他的责。

所以士只有愿为与不愿为，更无能为与不能为。

必须人人能为士，始可把文化大全之重任，向人人身上放。

以中国人之士，较之近代西方所谓之专家，宗教家、科学家，一切专家，均不同。

西方一切专家，分别在其所担负之事业上。中国所谓士，主要在其所存主之心情上。

事业必然会永远趋向于分裂，心情则当永远趋向于单纯。

把万不同之事业，要合拢来成为一完整之全体，其事难。

把单纯合一之心情，由其发挥出万异各不同之事业，则其事易。

中国文化之可乐观性正在此。

中国文化，能常俱一完整性之传统，其主要关键，只在有一种士的理想与士的培养。

七

此刻要复兴中国文化，须待复兴中国"士的精神"。

要此下中国能开创新文化，须待先有"新士"。

所谓士，可以有男士，有女士；有文士，有武士。

各业之中，可以有各种士。

如旧说有医士，有相士、有方士、羽士、开士。今日则可以有宗教士、科学士、政治士，与工商企业士。

又可以有一乡之士、一国之士、天下之士。

在一切人之上，再加一"士的观念"与"士的理想"，使一切人皆成为一士。

中国社会，是一个士、农、工、商的四民社会。士为其中之杰出者，由士来领导其余的农工商各业。此下当衍为"新四民"。即在农、工、商中皆有士，一切专业皆成士。全民成一士的社会，始为中国传统文化终极最高理想之完成。

但此刻的我们，则处处要慕效西方，人人竞想成为一西方式的专家，却忘了该做一中国传统之所谓士。

西方各专家，如宗教家、科学家、政治家、企业家等等，追溯他们的文化历史，无不各有其深厚的渊源，我们要半途插入，邯郸学步，无论在精神上、脚步上，总觉得浅薄不够劲。

要学别人，该先重新振起自己文化三千年传统，自周公、孔子以来所提倡的士的精神与士的理想。

要救一国，须有一国之士。要救一乡，也须有一乡之士。

若谓复兴中国文化，救了中国还要进而能救世界，则须待有天下之士。

只要有了够理想的士，尽学别人，尽无不可。

若到举国中无士，那时纵要学别人，亦总将会学不到。

"文化"理想，即是"人生"理想；人生理想，又即是"教育"理想。此三者实是一体相成。

今天的我们，人生理想与教育理想，已全跟了别人脚步。更何有文化理想可言？

无理想，又何处去复兴？

故我说，要复兴中国文化，当先复兴中国的士，此乃当前惟一自救之要道。

要复兴中国的士，则在我们各人身上，各自复兴起。

六　文化的长命与短命

一

今天的讲题是"文化的长命与短命"。我曾屡次提到文化就像生命。讲到生命，如人有生、老、病、死。生了，慢慢儿老，中间有病到死。一切生命，都会死亡，都要寂灭。既然文化犹如一生命，那么文化也该死灭，这是不是呢？今天我们就要讨论这问题。

某种文化经过一段时期，它绝灭了，死亡了，我们称之曰"短命文化"。有人抱"文化的短命观"，认为每一文化都只有一段时期，经过这一段时期以后，它都该死灭。但倘使我们认为文化生命和普通生命不同，并无定要死灭的阶段，这我们称之曰"文化的长命观"。这两种看法，哪一种更近事实？在西方，似乎对文化都抱一种短命观。为什么？这里也有道理。我们只看西方的历史，古代西方有埃及，有巴比仑，很早就开始有文化，但它们到今天都没有了。可是埃及、巴比仑并不在欧洲。这个文化递传到欧洲，有希腊，但希腊人的文化今天也灭亡了。于是又过渡到罗马。但罗马人的文化也寂灭死亡了，我们都可说它们是一种"短命的文化"。文化演进到某一阶段，停顿下来，不再向前，到了一种死亡寂灭的情况，西方人看他们的过去历史，使他们不得不抱一种文化短命观。不仅从历史看是如此，西方文化有宗教，如耶稣教，人的灵魂可以上天堂，俗世则是暂时性的，最后有末日审判，这不是对世界也抱一个短命观吗？人生短命，世界短命，在此世界中人类所拥有之文化，哪得长命。

中国有印度传来的佛教，他们说人生是在无尽轮回中，死了再来，来了再死，人生就在这一无穷苦海中头出头没。若得一天涅槃，超出轮回，那就是生命之解脱。这也是一个生命根本该要断灭的观念。生命该断灭，文化自可不论。

说到今天的科学，科学家希望人能活到两百岁，如此而止。若论整个人类，依照生物学讲法，某一种生物进化到某一阶段，也会不能再进化。或者某一部分进化得太过分了，这种生物也会断灭。在人类以前，先有别种生物称霸一世，然而发展到某一阶段，不能再发展，整个的种断灭了。如论人，脑子长得太过分，妨碍了他整个身体，那么将来人类称霸于世的时期也要过去，说不定再来另一种新生物代人类称霸于斯世。

我们再讲哲学，西方哲学家，似乎也抱同样相似的观念。如德国哲学家黑格尔讲历史哲学，他说人类文化一如太阳从东边起，跑向西边。所以世界人类文化最先开始在中国，慢慢儿往西跑到印度，再向西到欧洲，最后到他们日耳曼民族，这是人类文化到了最高境界。此说幼稚得可笑。试问人类文化演进哪有如此般简单，而且人类文化到了日耳曼民族手里便无下文了，岂不变成有头没有尾。黑格尔之后有马克斯，他讲一种"唯物史观"，他说人类社会从奴隶社会跑进封建社会，又跑进资本主义的社会，再跑进共产主义无产阶级专政的社会。但到了此后又如何？这一层，马克斯没有讲，直到今天的共产党，都没有讲。这似乎是人类社会的最后一阶段，到了共产主义的社会便停止了。这也不免是一种文化断灭的看法。

第一次世界大战时，德国有一人名斯宾格勒，写了一本书名《西方之没落》。此书在当时西方很受感动。他的说法，比马克斯所讲比较合乎历史。他说文化越演进，一切生产工商业便越集中，形成为大都市。大都市发展到了某一阶段，不能再发展，便会没落毁灭。大都市没落毁灭，就是这一个文化的没落与毁灭。文化定会在物质生产工商业方面不断地演进，不断地集中，而完成大都市。从前罗马帝国就是这样，将来的欧洲，也仍将蹈古罗马的覆辙。这书写在第一次世界大战时，到了第二次世界大战以来，至少证明了他书里所讲的一部分。如像英国法国，这是代表近代西方文化的。在第一次世界大战以前，不仅英国人法国人没有想到，其他全世界人也没有想到，好像太阳升在天中，没有料到它会向西没落。此一浅显之例，中国古人是早讲过的，但在那时候谁也不敢讲。若你说英国法国也会衰下去，这话岂不给人家笑。那时的英国法国，正是如日中天，可是今天呢？我们也可说，他们已到了文化没落的阶段。他们的明天，绝不能再恢复到昨天。

最近在新加坡开一从前大英帝国所辖的现在的联邦会议，共到了三十一个国家。从前英国国旗看不见太阳没落，但在最近这个会议中，英国首相说，总不能把我们赶出联邦会议吧！当然英国不会被赶出这个联邦会议之外，然而大英帝国则毕竟没落了，不仅如此，英国的英镑也不断贬值，他们的工商业，也远非以前之比。

于是大家说西方文化已到了美洲去，但今天诸位看美国，看它的经济，通货膨胀，工资提高，生产减缩。美元价值也发生了动摇。看他们的教育，到处闹学潮。讲到社会，年轻的嬉痞满地跑。美国也是如日中天，正在那里要转变，不过一条新路还未呈现。说到军队，海、陆、空三军，全国的大力量放在南越，打不了一个北越，停战声，撤军声，吹得震天响。还有军风纪问题。甚至征兵制度，也将不能再维持。这是当前共见共闻的事实。

在我年轻时，就听很多老先生们讲，中国不长进，军队还用募兵制，哪能如西方般征兵的合理。我当时是一小孩子，也就觉得外国件件是，中国件件不是。不想今天的美国，却要学我小孩子时不合理的中国，岂不要给那时我们一辈年龄大的中国人所骂。别的不讲，那时中国人抽大烟，我有一位小学里的先生，到了云南去，在军队里做事，他回来说，云南的军队，皮鞋筒子里都藏的是鸦片，在路上歇息，便可拿出来抽，抽了再跑。但不料到了现在，美国在越南的军队，据报载，有百分之四十，吸毒抽大麻，岂不和当时我们中国云南军队相伯仲。

其他问题，讲不胜讲，且讲汽车。美国汽车实在多，汽车放出的烟，使整个纽约乃及其他大都市，发生了空气污染问题。又如工厂里，放水到海里，海水也污染了，鱼类大批死亡，天地间真如没有一块干净土。西方文化进到今天，非退即转，正如斯宾格勒讲的话，一点也不错。大都市到了这样不可能再进步。我们近邻日本的东京，也在闹都市污染。自由资本主义社会的文化是如此，共产集权主义社会的文化，我们且不论。

今所要问的，今天西方文化是否如斯宾格勒所称，已在一个没落阶段中呢？他们此下还是退，还是转，但总得要变。究将变出一个什么样子来？我们不知道。可是希腊会变成罗马，罗马会变成中古时代，中古时代会变出现代国家，当然下边亦会变出新样子。只我们不要认为西方文化永远是块黄金，黄金有时也会落价，不值钱。西方人要讲文化短命，也自有道理。只我们把西方历史，西方现状合来看，那是千真万确的。

二

可是我们中国呢？远从黄帝、尧、禹、汤、文、武、周公、孔子一路到今天五千年，只有越来越大。我小孩时，正是清朝末年，大家说中国要瓜分了，要亡国了。要做印度、波兰了，而且也会要灭种了。种种悲观论调，不断进入我幼年的耳中。直到今天的中国，似乎还不如我小孩时的中国。今天的大陆，比清代末年不知差多少。然而第一个首先欺侮中国的是英国人，第一个首先承认大陆共党的也就是英国人。苏维埃该是我们大陆共党的老大哥，然而今天的苏维埃，反要担一番心怕大陆。美国是今天自由世界的领导者，今天美国唯恐不能获得大陆共党笑颜。从前是英国人贩鸦片来中国，今天是大陆共党贩大麻毒物进入英国与美国。我想今天大陆共党之不合理，可以不必讲。然而说从此中国再没有前途，定要毁灭了，至少在我们中国人心理上没有人这样想。何以悲观的正是西方人，乐观的反而是中国人，在我一生中，经历此一大转变，岂不值得我们思考？

我曾在大陆大学中教书，当时有好几位教历史的先生们，都是外国留学，追随着外国人的理论来讲中国历史。说中国文化早完了，早已断灭了。在什么时候断灭的呢？那还没有共同的意见。有人说在秦代开始，中国文化已经完了。把战国比希腊，到秦代，则如希腊已亡。有人说中国文化之完在五代。把汉唐比罗马帝国。但我实在看不出中国文化已完之事实，我们还不是一个大传统直到今天吗？

在我想，中国文化实是一个长寿的文化。如人一般，七十、八十，还像一年轻人。要讲文化长命，正好举中国为例。这里面有文化类型之不同。怎么叫文化类型呢？我姑举人生类型来讲。中国和西方，我认为可分两个人生类型。人的生命也有两方面。一是物质的，就是人的身体。"物质生命"当然要毁灭，生、老、病、死，将来科学再发达，还是不能破除，不能避免。人生还有心的一面精神方面的。这一方面的生命，则可以不毁灭。而文化则是一种"精神生命"。所以可以持久，可以不毁灭，可以有长命。当然中国和西方，同样有物质生命，也同样有精神生命。我并不是说西方人没有精神生命。但论双方的文化类型，则中国文化更可以长命。何以故？

我想，每一人生应有两大理想。一是要满足，而这个满足最好是一个"当下的满足"。如诸位在此听讲，若同时觉得所听满好，没有缺憾，这即是一个当下的满足。人生不能老在一个不满足的状态下过。但获得满足不能便完了。因此人生还要有一个"无穷的希望"，不仅是只要一个现在，还得永远要一个将来。现在要能使我满足，将来要能使我有希望。倘使我现在不满足，这是我人生的苦痛。

但只有了满足而无希望，那就有了今天没有明天，这还是一个空虚。翻过来讲，当下既不能满足，希望又不是无穷，这样子的人生，便是一个苦痛的人生。要求当下满足，这是我们的现实。还要有一个无穷的希望，这是我们的理想。我们要既现实又理想，亦理想亦现实。若只有现实而无理想，固是要不得。但只有理想而无现实，也是要不得。

诸位或许会想我此所说，是一句极平淡或极空虚的话。但我们要在这番话里，把自己，把别人，把大的历史拿来看，是不是我们都在要求这两个东西呢？一是要使我满足，而且要现实的当下就满足。一是要让我有希望，还要是一个无穷的希望。这个希望须要使我当下即满足，永远满足，而又永远不满足，于是人生才圆满而又无休止；无休止而又永远得满足。人生就在这里，踏上了一个最高的境界。西方文化则比较偏重在物质方面发展，而在物质方面，则不能有一个无穷的希望。

<h2 style="text-align:center">三</h2>

我告诉诸位，凡属物质上的一切建设，总有个"限制"。到了这里，不能再往前。像如古代埃及的金字塔，可算是伟大了，然而金字塔的建造必有一限度，不能尽往前。又如罗马的斗兽场，造到这样子，也就不能再进步。又如中古时期的大教堂，固是伟大，然而亦有一限制，不

能尽无穷的求更伟大。再如今天西方大都市，摩天大厦的建造也有一限制，今天报载纽约又要有一个新的摩天大厦，比旧的又要高出多少层，可是这里仍必还有一限制，不可能永远尽向前。如交通，马路尽宽也有限，汽车再多便不能跑，又使空气起了污染问题。美国的纽约，日本的东京，似乎已不再能更进展。新都市可以超出于旧都市，但过一时期便限制不能再向前。这里可见物质建设则必是短命的。

而且物质建设，回头来会损害人生。即如美国，因于汽车太多，而损害了美国的人生。报载有一次某大学学生集会，把一辆汽车放在广场，拿来埋了。说我们美国人就受了这东西的害。这话对不对呢？我们今天固是未到此限度，还嫌汽车少，而今天的美国已是超过了这限度，嫌汽车多。举此一例，可以想象物质文明定有一个天然的限度。

而又且少数人的方便，可以引起多数人的不方便。一辆汽车在街上跑，有汽车的固是方便，没有汽车的却觉得一不方便。西方人提倡自由，可是少数人的自由，也可破坏毁灭了多数人自由。大英帝国是自由了，它的殖民地遍于天下，岂不是由他们的自由来造成了遍天下别人家的不自由，而毁灭了遍天下别人家的自由。我们今天看西方文化，只看见他们之争取自由，却没有看他们之毁灭人家的自由。从前英国纺织业革命，他们的纺织品销行到全中国，使中国人大家失业。今天香港和台湾，纺织业兴起了，他们却说，我们的纺织业会损害到他们。从前英国棉纱棉布为要销行全中国，他们把中国的海关控制了，只得让他们销。今天台湾香港的纺织物要销到英国美国，他们不许，说你们工价太便宜，不能来和我们自由竞争。这里可见，所谓"自由资本主义"之本身内部就存在着一不自由。

工商业的人生，我们也可说它是一个"比赛"的人生，他们则称之曰"竞争"。竞争就是比赛，比赛就如赌博。可是赌博决不是人生的理想。比赛亦然。比赛中只是一个人的胜利，两个三个乃至于十百千个人的失败。胜利者总是少数。如看运动会，第一名只是一个，第二第三也是一个，称为冠军、亚军、季军，再有第四名一个殿军，完了，其他则都是失败者。由于多数的失败来造成少数的成功。少数的成功与胜利放在多数失败者之上面。这是我们人生的理想吗？

又如电影明星，名字传到整个世界，进款不必谈，但从事于电影的，究能有几人成明星呢？而且做明星，也得拿他生命中别的东西去换。如看西方电影女明星，没有一个可说是家庭圆满。我们香港的电影女明星，自杀之多，多过了西方的。我们明星之胜利比不上他们，而自杀则他们比不上我们。这又为何？这里也就有东西文化类型不同之存在。这层我不想细讲，由诸位自去思量。

我只认为在这方面，我们不必多提倡，应使它有一个自然的限制，不能尽希望叫我们每一个女孩来做一个电影女明星。也如不能叫我们每一个青年来做一个运动员。做运动员是可以的，但不能希望每一人做一个胜利者。且看我们的纪政，今天是全世界一位最杰出优秀的田径女明星。可是我们也得设身处地为纪政着想，纪政本是我们一个山地姑娘，她若平平凡凡地过她的一生，也可得到她的满足。今天却反而平添了她许多内心的苦痛。如她的婚姻，她的国籍。我们尽希望她为我们争面子，拿金牌。要她爱国，希望她还做一个中国人。然而有其他种种条件，或许会增添她内心的苦痛。我们得原谅她。我们更不能叫每一个家庭子女都学做纪政，这是不可能的。她把她的全人生投入了一种比赛的人生了。我们不好多用此比赛二字，而要改用运动二字，如此较心安。但做运动员必要竞争，这亦是一事实。

今天这个世界，指导大权究竟在美国人手里，还是在苏维埃手里呢？那就也要比赛。你有原子弹，核子武器，我也有。究是谁胜谁败？则谁也不知，最后只有取决于一个不可知的命运比赛。然而在这个比赛下，可能要牺牲全世界，或说世界上半数以上人类的生命。此不过举军事作例，商业何尝不如此？政治何尝不如此？这是人生一类型。

四

今天世界人类大家羡慕西洋文化，希腊人开运动会，有人拿着一把火跑，此刻全世界学此仪式，视若神圣。但试问：人生意义是不是在这个上？运动应该为着健康，不是要比赛。比赛只应附属于运动中，多此一花样，姑作游戏，但不该太重视。今天运动员比赛，最高也不过拿一块金牌，这还好，因其只是一种荣誉。若至拳击等，乃有种种经济上的实际利益放在里边。把我们中国人的人生观来批评，就未免等而下之。若至于在整个人生中的比赛趣味太浓，而近于赌博，那就更要不得。中国古人说："君子无所争"，从来就看不起这个"争"字。似乎西方人总爱得头奖。中国人一本和平，不和人比高下，而且又宁愿自己退后。若我们把此再进一步讲，西方人看重的是"事业"。电影明星，也是一事业，运动员也是一事业。大企业家如煤油大王、铁路大王、汽车大王等，都是一番事业。中国人更重视的乃在"性情"上。就军人讲，一将功成万骨枯，中国人造字，"止戈"为"武"，乃是不得已而用之。若仅懂得杀伐战胜，则不免为人鄙视。又说：两军相交，哀者胜矣，所注重的也仍在性情。

中国人常称"自得"，自得则在内面性情上，不在外面事业上。而且自得无所谓失败。若我们今天立一志，每天早起要上体育场跑十圈，今天跑，明天跑。一二十年亦如此，此为自得。却不是要同人家比，拿金牌。又如拳技，中国人也看重，但摆擂台，做好汉，则是江湖，为人看不起。诸位当知，事业有限，也不能永远使你满足。名、利、权、位，都有限止，再向前是苦痛，回头来是空虚。讲

"性情"，则可以当下满足，还可以永远希望。诸位不要认为道德是由我们圣人定下标准，叫我们去照样做。"道德"乃是人类性情自爱如此。

中国人讲"孝"，也不是认为孝是一番事业，而乃是一种"性情"。子女对父母自然应有。我们的圣人，只为了解到人类这番性情，所以说你该孝你的父母，不是说有一个道德在那里强要你如此，乃是你自己性情自要如此。你心上觉得如此才满足，不如此总觉是一个遗憾。要孝，当然当下便可孝，当下便可得满足。无可比，也无所争。家里有兄弟姐妹，我孝，并不要和他们比，说我是大孝子，谁也不如我，我该得冠军。凡中国人所提倡，都是最平等，大家可能，属于各人自己的天性。要能"尽己心"、"尽己性"，当下得满足，而且永远可如此。孝乃"人性所同"，我孝可使任何人都能孝。把这孝心感染到别人家，而使孝道昌明。所以说"孝子不匮，永锡尔类"。老子也说："既以与人己愈有，既以为人己愈多。"我给了人家，我更多了些；我是为的人，但我更有些。孝是为我父母，而我自己却称心满意。在物质上不这样，给了别人我就没有。在世界大战以后，欧洲经济破产。美国人大量借钱给英、法、德、意诸国，又还借给东方人，大家有了钱，再可做生意，仍然赚回去。然而这是物质上的。不像我们要讲性情。合乎性情，当然是道德，道德不是由人定出，乃是人类自己有之。如说："天之道，利而不害。"天道只给你利，没有给你害。人在此天地大道之下，我害你，你害我，这是人在自作孽。天生了人，又生蚊子苍蝇。上帝有好生之德，可是蚊子苍蝇来害人，那是蚊子苍蝇的事。照中国人讲法，好生是人与万物之性情，但好生并不定要好争。从此讲下，是中国的文化类型。

中国人不看重在外面事业上，而看重在内面的性情上。若使诸位讲人生，尽讲事业，须知事业没有限止，因此也不能有满足。造一个金字塔，盖一个摩天大厦，都有限止，这不能使人满足；仅反使人不满足。到那时，内心不够再刺激，便将废然不知所从事。今天的世界，只是一个刺激人的世界。刺激人，引起人向前，到某一阶段，没有刺激，不能向前了。如抽烟、喝酒，仅有一个刺激的作用。若我们能看重自己性情，君子无入而不自得。所得非名非利，非权非位。不在事业上。事业并要碰机会，机会碰不到，也无事业可言。而且事业从另一面讲，则必然有限止的。

如举军人为例，像岳飞，他要为宋朝直捣黄龙府，然而碰到宋高宗、秦桧，机会不凑合，十二金牌召回，最后还得一死。事业是失败了，然而我们不能认为岳飞是一个失败人物，或说失败的英雄。又如文天祥、史可法皆是。军人中有卫青、霍去病，有郭子仪、李光弼，富贵功名，事业成功，亦为国家民族尽了责任。为什么我们不提倡卫、霍、郭、李，偏要提倡关羽、岳飞、文天祥、史可法？难道人生不要成功，转要失败吗？这决不是。因事业成功不能提倡，还有外边其他条件。若使我们提倡卫、霍，提倡郭、李，外面条件不许可，还是枉然。而关、岳、文、史，各已在他们的性情上，获得了满足。懂得如此，可使人无往而不得其满足，所以该提倡。

五

我们来到台湾已过二十年，反攻机会未到来，军人们也只有退役做一个老百姓，反攻大业就不属于他们。所以我们不该专拿事业来鼓励人。只有中国文化，点醒人们要更看重"性情"。忠孝是在性情上讲。我在这军队里十年二十年，克勤克俭，辛苦备尝，今天我退休，仰不愧于天，俯不怍于地。既无对不起国家民族，便觉心安理得。把事业心解淡，才能看到人之内心深处。这是我们中国人所讲。外国人在此方面看得较简单，哲学最不肯讲感情，定要讲理智。试问哪有蔑弃性情的理智？科学定要讲客观。试问客观人类，能否否认了性情？中国人讲性情，却是一个"天人合一"。天命之为性，率性之为道。此是人生"大道"。

自由资本和共产，同样只看重在物质与事业上，既具体，又可把数字来计算。但一面要个人自由，另一面要集体合作，岂不成了对立。实际上，若你在资本主义社会中做一劳工，倘要要求加薪，只有加入工会来罢工。英国、美国都一样，最讲个人自由主义的社会，却最盛行集体罢工。共产政府讲集体主义，又不许有集体罢工。说来两面都可笑。但像今天的波兰，还是要罢工，可见西方文化有一个共同毛病在里面。我常说：资本主义打不倒共产主义，因共产主义就生在资本主义的里边。虫生于木，木不能克虫。有一天，能推翻共产主义，也就同时推翻了资本主义。这便需要中国文化。正为中国文化看重性情，不尽在外面物质上计算，不尽在外面事业上衡量。只可惜此"性情"二字，同我们中国人讲容易懂，同外国人讲，似乎他们不容易懂。若讲性，他们就说性是人的本能。若讲情，则最代表情的就是恋爱，这就无法讲了。

我们的文化传统，注意向内看重性情，要求"自得"。我请问：有什么条件能限止我不忠？有什么条件能限止我不孝？因忠孝是我性情，在我心上，我心已尽，得之在己。既不要条件，也不论成败。若讲自由，惟此最自由；若讲平等，惟此最平等，讲独立，亦惟此最独立。在中国历史上，历古圣哲大贤却不把自由、平等、独立这几个字来教训人，正为有更高更深一层的教训在。现在我们则接受了西方人的事业观，接受了他们的竞争观，又加上自由、平等、独立这许多字眼，许多呼号，我们尽跟着西方走上了一个不安的社会。若要世界大同，哪能大同在一个不安上。所能大同者，还是忠孝性情这一套。只要有人类，中国人这一套道理也总会存在。这番道理，可以使我们当下满足，又可使我们有无穷的希望。这样的一个文化，应该是一个"长命"的文化。简言之，是"向内"求之于各人之"性情"的。而西方文化则是"向外"求之于大家的"事业"的。我对此问题，曾积久思维，总想说出一句比较更浅显而更近情实的话，但此刻则暂只能如此说。

我且把四字来奉献给诸位，我劝诸位要懂得做一"性情中人"，更重要过做一事业中人。在家可以做好儿女、好丈夫、好父母、好妻子。对外可以做一个够得上朋友的，或做一好下属、好上司。这些从哪里来，一切皆从"性情"来。若说此人非性情中人，即为我们中国人所看不起。这是一句极平淡的话，但里边有极深邃的意义。诸位有志发扬文化，请先发扬自己。不是要发扬自己的事业，尽先要发扬自己的性情。我能做一性情中人，也就自可满足，可快乐了。而且不仅满足在现在，还有希望在将来。而还可以把此来影响别人。"既以与人己愈有，既以为人己愈多。"这是中国人一番极高深的道理，而在一种极平凡的人生中表现。

七　文化中之事业与性情

一

我在上一讲"文化的长命与短命"中，曾提到性情与事业之分别，言有未尽，今天我特专拈此题，再作发挥。

我常说，文化是生命，生命可分两大项，一是"事业"，一是"性情"。所谓事业，乃指凡属生命之一切活动言。而此一切活动，则无不本于性情，附于性情，而归宿于性情。事业是外露的，性情是内蕴的。事业与人共见，性情惟我自知。除却此两项，生命更无所余。

今试由最浅显处讲起，如一日三餐，此是事业；吃了饱不饱，有味与无味，这里便有关于我们的性情。如不合我胃，就吃了不舒服。吃得太多太少，还是使我不舒服。这是这一顿饭，和我胃肠的性情不配合。如睡眠，也有睡得安顿不安顿，也要合乎我们身体性情之所好。人生总是此两大部分。一是我们工作、活动的一切事业；一是我们的性情。每一工作活动，必从我们的性情生出，也必反应在我们的性情上而作归宿。

《中庸》里讲喜，怒、哀、乐、爱、恶、欲，我们称之为"七情"。衣、食、住、行，亦可说是我们生活中的四大事业。每一事业，则必附带着下述喜、怒、哀、乐之七情，难可判然划分。只是事业表现在"外"，性情则蕴藏在"内"。如像一面镜子，每一件外边的东西，必来在里面照见。亦可说：人生一切活动工作与事业，都由人的性情在里面指导他。诸位在此上堂，为何满五十分钟便要休息十分钟。这因我们会觉得有些疲倦。这即是我们的性情要求。一张桌子，放在此地十年，它不会觉得疲倦，因它没有性情。人非木石，有性情。从这性情上来指导、来规定、来完成我们的工作，这是我们性情的要求。肚子饿了就吃，吃着就饱；身体疲倦了就睡，睡了精力又恢复。有"工作"，同时即有"性情"，两者同时并在。若性情愉快舒服，工作便更进一步；工作进一步，性情也愈感愉快舒服。工作影响到性情，性情影响到工作。人生就在这上面一路地往前。人生此两个大项目，实际只是一个。这一个就是我们的"生命"。有生命，就有此两项目，这是我最要恳切指出的一点。

即讲植物，一树一草，生长是它们的事业，但草与树也有喜冷，或喜热。我们在此地所见，大部分是热带树木，天热，对它生长合适。天冷，便不合适。植物又有喜干喜湿之别。阴天下雨，某几种植物更合适。天气干燥，另有几种植物更合适。植物有生命，同时也就包涵有此事业与性情之两面。我们见它生活方式不同，便知它性情不同。

稻和麦性情不同，因此种法也不同。什么时候种稻，什么时候种麦，要雨量多或少，两各不同。

说到动物，它们的性情更易看出。家畜中一匹马，一头牛，或有一只狗，一只鸡，可以同我们和爱相处，帮助我们种种工作。可是四者性情各不同。说到虎、狼、狮、豹它们的性情，又和马牛鸡犬不同。我们只能说由于它们性情不同，而规定了它们的工作。可见我们人的工作和事业，也该全由我们的性情来规定，并不能把事业工作来规定我们的性情。牛可耕，马可骑，我们不能把架牛的架去架在老虎颈上。我们可以叫一头狗看门，但不能养一头狼来替代。这个道理，诸位都承认。即是说，每一个生命，应该由性情来规定它的活动，不可能由活动来规定它的性情。我们先该承认这一点。只是人更复杂，更难讲。特别难讲的是性情，不是事业。

二

一切活动都叫它事业，无何难讲，而事业本源于性情，又围绕着这性情，不能离开性情，而又归宿到性情。我之喜、怒、哀、乐，都根据我的性情，也非难讲。可是性情该要分两方面，这样讲，就复杂了。所谓两方面，一方面是"先天的"，自然给我们的这个性。如说梅花，冬天开；荷花，夏天开。梅花定要栽在土里，荷花定要栽在水里。

我们可以说梅花、荷花的自然秉赋不同，我们称之曰"先天的"。它从生下来就这样。如说后天的呢？这是经过我们人类文化所陶冶。怎叫陶？一种土，可以做瓷器，瓷器不是随便哪里的土都能做。我们铸铁，先放在炉子里烧炼，生铁可以铸成熟铁，可以炼成钢，可以做种种不同的器用，这叫冶。我们人的"后天"性情，也是由我们人类有了文化以后不断"陶冶"而成。

诸位千万不要认为性就是指天赋，此话固是不错，人性是天生的，天给我们的。然而我们的人性，还要经过后天陶冶，就是"文化"与"教育"。有学校的教育，有社会的教育，有宗教法律种种的陶冶。孔子说："性相近，习相远。""习"是后天。其实孔子还是讲这性。兄弟两人，乃至于同胞所生，他们应该差不多，然而后天环境不同，教育不同，种种经过不同，可以变成绝不相同的两个人。我们中国人，特别关于这一点上，最用功夫来观察，最用功夫来发挥。

《孟子》说："食色性也。"又说："饮食男女，人之大欲存焉。""大欲"就是说的性，这都是天给我们的。人有男女，动物有雌雄，植物比较不清楚一些，然而一样有阴阳。无论文化进步到任何一个阶段，人生不能脱离此饮食男女，脱离了，就不成其为人。这是天赋我们的。怎么又是我们的后天陶冶呢？让我们再举两个例。如说吃是天生所要的，然而烹饪则是慢慢儿进步而来。中国人做饭做菜，和西方人不同，附带着的礼貌规矩又不同。中国人同桌合食，外国人一人一份。小孩时只懂吃，不懂吃的时候所附带的种种，得慢慢教。男人喜欢女人，女人喜欢男人，但我们要有婚姻，有夫妇。这便不是天生的。天只生人一男一女。男的喜欢女的，女的喜欢男的，那是人之性。但不能随便。或是父母之命，媒妁之言，或是自由结婚，也定要进教堂，要牧师证婚，都不能随便，中国、外国各有一套。今天我们则全学外国的一套，但总是有一套在那里，这是后天的。但不能说后天的不是性，或说违逆了人性。

孟子又说：每一人必有四种心，说心里面有四种不同形态，和四种不同冲动。称为"恻隐"之心、"羞恶"之心、"辞让"之心、"是非"之心。那些都得慢慢儿发展出来。为什么人有恻隐之心，我们也可说是自然秉授给我们的，在我们性里便有。其实这些不称性，当称情。恻隐、羞恶、辞让、是非，都是一种"情"，而表现在我们的心上。动物也可能有，不过不大容易看出。人类到今天，已经几十万年变化下来，我们的历史，算是最古，也只有五千年。但我们讲到猿人，北京人，到现在已四十万年或更远。开始时的原人，是否也有恻隐羞恶之心呢？恐怕是有的，然而很微很弱、很渺茫、很暗晦、很不清楚，这需经过人文陶冶。好像这块土，拿来怎么烧，怎么做，做成一个瓷器。我们人类某几种性情，更得慢慢儿拿来陶冶烧炼。

《孟子》书里又举一个例，说人死有葬礼，本不是先天所有，乃是慢慢由文化进步而来。从前人不懂得葬，后来人懂得，似乎是一种知识。但知识也只是我们一种活动，一番事业，而中国人则更看重性情。孟子说：从前人，父母死了，扔在外面便完，总不能把死人放在家里。拿到半山，没有人见的地方扔了，这个习惯不晓要经过几多年。有一天，一人跑到山上，恰恰跑到扔弃自己父母亲尸首的地方，一群狗和狐狸在咬尸的皮和骨，很多苍蝇飞虫在吸尸的血。这人一见，额角上泚出了许多汗，他的心跳了，像有一个东西刺着作痛。那心跳和额上泚出汗，这就叫做恻隐之心。不要说是碰到自己父母的尸体，随便在路上见一尸体，有狗狐狸在那边咬，我们也会心跳。因我们将来一旦自己死了，还不是一样吗？心中隐隐作痛，这个叫恻隐之心。孟子在这里没有讲到这"恻隐之心"四字，孟子只说我们如或见一个小孩，忽然要掉进一口井，我们的心一惊动，像舍不得他掉下去，这叫恻隐之心。其实在野外看见父母尸体，那时我心惊动，那个也叫做恻隐之心。于是他回到家里，拿了锄头畚箕，回去耙开土，把这尸体埋起。再回家来，不免要讲给别人听。别人听了，想到自己的父母亲尸体，也扔在山里边，便不免赶快去，也拿锄头耙开地，把尸体盖起，这是人类有葬礼的开始。这只是孟子的想象，并非实见此事。然而这个想象，至今想来，还觉得它讲得千真万确，很有意思。其实直到今天，世界上还有人不懂把死人尸体埋葬，只把来挂在树林里，让老鹰野兽吃掉。然而渐渐地他们也会有葬礼的。

一个死尸拿去葬，不免要哭一番，不免有多人在旁边看，大家哭了，忽然有人吹着笛子，来和哭声相配合。如此便在送葬时有了一套音乐，于是有礼复有乐，这叫做"礼乐"。开始是人类一番恻隐之心，有了这礼和乐，慢慢儿一两千年整个社会传下，那时人类的性情，就变成精细，哀伤中也夹带进"和悦"，人生便更堪回念和恋惜。

三

开始时，人类性情还是粗的，慢慢儿细了；开始时人类性情还是硬的，慢慢儿软了。这便是"文化人"与"野蛮人"之别。如开始，哥哥爱他弟弟，只是一种粗的爱，父母在旁逐事指教，这哥哥之爱，便慢慢儿变得细，变得更美。男女之情，婚姻之礼也如此。中国人在此上所表现的，似乎要更细致更精美一点。诸位如看平剧，中国人表现男女情感，只那眼睛眉毛一点动作便够，加上唱几句，更使人回肠荡气，说不尽的感动，爱情便在这里表现了。外国人便要拥抱接吻，由我们看来，似乎他们粗了些，不如我们的美些。一面是较近自然，一面是较多人文陶冶。又好像中国人心肠软一些，外国人的硬一些。我们是吃了亏，但急切又苦很难改。这也有后天的人文陶冶在内。

照孟子说法，我们因有了此恻隐、羞恶、辞让、是非之心，就发生出所谓仁、义、礼、智许多花样来。我们可以简单说一句，因为人的性情，开始产生礼乐。有了礼乐，才完成了道德。道德回到最先，还是我们的性情。所以《中庸》上说："天命之谓性，率性之谓道。"诸位这里有信耶教、佛教的，但似乎宗教里都没有看重我们这一个"性"，更没有看重率性之谓道的这个"道"。《中庸》下面又说"修道之谓教"。中国人的"教"，是从这处来的，这才是我们中国的文化。

《中庸》又说："尽己之性，尽人之性，尽物之性。"这里又分成两个步骤。一是由诚而进到明。上面所讲，一人看见他父母亲尸体给狗狐狸在那里咬，他才感觉到这尸体该埋葬。这便是"由诚明"。由我们的性情，而产生出我们的事业。都是由诚明。"由明诚"呢？因我们有了种种礼乐，种种事业，使我们的性情慢慢儿愈来愈细腻，愈来愈精致。把人文陶冶和天然秉赋合一起来，这就叫做"天人合一"。天生了人，人也可以产出天。所谓"赞天地之化育"。

我们可以说，性情是人生中最真实的本质，人的生命以及其一切活动，最后的本质是人的性情。而我们人生最真实的享受，也就是我们的性情。把父母尸体埋在土里，骤然觉得心安，晚上也睡得着，这不是人生一享受吗？而且实是一种人生最真实的享受。诸位当知，我们一辈子做人，衣食住行，一切活动只是工作。工作了，觉得心里舒服，才是享受。诸位在此听课是工作，要听着觉得这道理满高兴，才是享受。人生的真享受，不是在享受身外一切吃的、穿的、住的、行动的。乃是在此吃的、穿的、住的、行动的后面，在我们心上所生起的某些反应，才始是享受。

《列子》书里有一节寓言。说：有一个王者，日里做皇帝，晚上梦做苦工。日里开心，晚上则非常苦痛。有一苦工，每天晚上梦做皇帝，很开心。那皇帝知道了，就找这个苦工来，向他说，我和你对调一下生活好不好，你来做我皇帝，我来做你苦工，这苦工却拒绝说不愿。我们总说梦是假的，但晚上梦做个皇帝很舒服，那也是精神享受。日间做苦工，这只是外在的形劳，一切衣食住行，富贵荣华，都在外，都属"形"。舒服愉快须在"心"，我们又称之曰"神"。一个苦工而心神安乐；一个皇帝而心神不安顿。富贵者"形逸而神劳"；贫贱者"形劳而神逸"。那是常易见的。我们中国人就很看重此一分别。能抓到人生本质，在人生享受上用工夫。至少这是中国传统文化内面的一番精神。

倘使我们坐在一间温暖的房屋里，有一张舒服的沙发椅，而精神不安顿，此事有没有呢？若我们点一盏油灯，窗外风吹，直钻进屋里来，而我们觉得精神很愉快，此事又有没有呢？这应该不应该分着来讲。为什么你坐在很好的阳光下，很适宜的温度，很舒服的椅子里，而精神上感到不愉快？为什么房间是冷的，椅子是硬的，光是暗的，而你心下满舒服？这只能在其人性情之得失上讲。山珍海味，一大桌，我们可以吃得不舒服。粗菜淡饭，我们可以吃得很舒服，有没有呢？人类文化，也可分此两种。一是注重事业，张开向外；一是注重性情，蕴藏在里。张开向外的，便要着重一切物质条件，重工作，重功利，重外边的形貌。我可称之曰"外露的文化"。若能从内部性情心灵方面来讲究，这就含蓄在内部，我可称之曰"内蕴的文化"。可是诸位也不要把我话截然分作两面，因此两面实是"一体"，只是一体之两面。断然没有只有事业而无性情；也断然没有只有性情而无事业的。不过我们走上了一条稍微偏向的路，有的偏向在事业方面，偏向到外面形貌方面，物质方面去。那至少就容易有一种止境。到达某一地步，就有一个"限止"。

四

限止有两种，一是外面的限止，一是里边的限止。资本主义社会，向外做生意，在工商业上赚钱，太着重物质经济，必然有限止。起初是美国东西销日本，慢慢儿日本东西销美国。起初是美国东西销台湾，慢慢儿台湾东西销美国。这是在外边的限止。东西尽往外边销，渐渐里边空虚，经济膨胀，这是内在的限止。内蕴文化看重内部，有其内，必有其外。它会自然地向外，但我们不能说有其外必有其内。这是一个"内外"的分别。有其内必有其外，则是内外双得。若使外张而内虚，则内虚自会影响到外张，给你一限度。把最近美国作例，可能已有病象可见。这不是幸灾乐祸，我们要讲一个人生文化的大原则大道理，则不得不警惕，不得不预防。

美国人登上月球，在外张方面，使我们不得不佩服。但看另一方面，社会上的嬉痞，起初只限青年人，现在则已经不限止在青年人，中老年人也有很多同情的。初看很奇怪，今天慢慢看得不奇怪，而又同情他们了。从前嬉痞在学校里闹风潮，他们还有大题目，如逃避兵役，反对战争，有一个题目放在那里讲。今天也来组织公社，多的两三百人，少的四五十人。本来嬉痞在学校，在都市街道上，现在他们跑进山里去，跑到普通人不到的地方去，买地建公社，虽未见有精详统计，大概也不少。若要参加公社，不许有私有财产，钱都交出，这是唯一条件。买了地，大家劳作，可以自己生产，还有家庭父母兄弟亲戚朋友接济，公社的经济不愁了。这实在也是一个无产阶级的共产社会。

从前说共产社会是一个集权的社会，由无产阶级一党专政。自由资本社会，各人过各人的生活。今天美国的嬉痞公社，则是一个自由的共产社会。他们有一个共同生活而又是各人自由，没有史太林、毛泽东在统治。食是解决了，说到性，公社里男人多过女人，于是男女性交用抽签来解决，这便是公妻。所以我说，今天美国的"嬉痞公社"，实际是一个共产社会，但不讲共产主义，更不讲唯物史观与阶级斗争。一任各人自由，来组织一个团体，过团体的生活。又不能有家庭，有了家庭，便易有私产。所以共产而不公妻，这只做了一半，不彻底。苏维埃与毛泽东所做不到的，美国嬉痞做到了，但这也不是美国人发明。希腊大哲学家柏拉图之《理想国》，早就讲共产，讲公妻。若论事业，他们早就超过了史太林与毛泽东。若论性情，他们也同样未解决。

食色天性，与生俱来，此是先天秉赋，不仅人类，禽兽也有。我们不得不给与以满足。像佛教、耶教，要求取消此等天性，究是不可能。但像嬉痞公社，实亦是违反人性。尽说自由组织，但公妻便回复到禽兽生活了。究竟今天做嬉痞的，他们要些什么？若说不当兵，那也可以。若说不要家庭，也可以。既不要家庭，也不要私产，这也可以。但试问今天的嬉痞们所要繫何？在其背后应有一套哲学与理想，只还没有产生。

他们只对现有文化现有人生感到厌烦，他们只走向消极方面，然而因此我却感到马克斯所讲的共产主义，只讲到半路上，不彻底。无产阶级革命，不许人有私产，为什么还许人有家庭。有了家庭，就会有私产。又为什么工人还要有待遇？试看今天如波兰人的革命，他们就会要由公返私。工作劳苦、精细，要多给工资，不该和工作简而粗的一般。既有高工资低工资，高生活与低生活之别，这不是由公返私，把共产社会拆掉了吗？可知今天人类，正有两方面。一面是共产社会里的争取自由；另一面是自由资本主义社会里面的如嬉痞，也有争，但不知究竟要争什么？我们只可暂称此等为一"反动"，此是自由资本主义社会中的大反动。

所谓"反动"，是只向反面动，在其动之本身，则本不是有个方向或理想。也可说是一种没有自觉性之动。在这里，并不是一种性情发现，乃是一种性情不安。要摆弃一切，回归自然状态去。但不知我们正就从自然状态演进到今天。而这条演进的路是错了，今天是在反抗，但没有"反省"。回归自然，决不是我们的止境。

我们中国庄老学派很早就看出了人类文化中有种种毛病，要我们回归自然。如上举列子寓言，便已说得透切极了。他就是要提倡我们回归自然，只没有像今天西方人般做得彻底。但做得彻底，真回归了自然又如何？他们却没有想到没有讲到。所以只能说是一个文化的反动。但也很可说是文化生了癌，能不能割呢？发现它是癌，立刻割掉也可以，但究不知癌在何处，只是毒向各处流，无法割，这可以是死症。

五

今天西方社会之有嬉痞，我们不要仅认为是一个反常状态而已。生了癌，不还是照常吃饭，照常活动吗？今天并没有人认为西方社会犯了癌症。或许诸位认为我今天讲话有些小题大做，不是美国最近正在送人上月球吗？美国的工商业，不还是在世界高踞第一位吗？这些我都承认。但嬉痞公社见之报载，不是没有这回事，无产公妻之自由大结合，意义不寻常。今天的西方，尤其是美国，不是事业失败，而是"性情不安"，至少是可说的。因于性情不安，而走向违逆人性则是可危的。

我所谓的违逆性情，乃是指的经过了长时期文化陶冶，几千年到今天，而有此逆流，此固大可忧。在中国，尤其是有一个经过最高的文化陶冶的榜样在这里。所以我们还不曾有如西方般可怕。我们且离开嬉痞，另举几例来讲。如说电影，在台湾，遇到黄色的太色情的电影要剪掉，要禁止。若到美国，到欧洲去，电影公开表演性交，只有人兽之交才禁。报载伦敦有一位电影检查员，他宁愿辞职，不愿再检查，再去看那些电影片。他实在看得讨厌了，也可说他还有一分善恶之心。然而那一人，实是少数中的少数。

今天的西方社会，除却此一"淫"字外，还有一个

"盗"字。报载有一统计，伦敦去年一年，共有了三百几十万次的小偷或强盗跑进人家的屋子。他们的警务工作，统计得这样精细，当然值得我们佩服。但一年三百六十天中而有三百六十万次的盗案，则是一天有一万件。伦敦究不是太大，而是英国的首善之区。英国又可为西方文化中一个极高的代表，但一年中盗窃案件如此之多。据统计，被盗而在保险公司保险的，共有一百几十万美金。可见伦敦社会还不能算他是贫穷，只是一个不正常社会。

现在再讲到罢工，罢工本是自由社会所许可，现在则共产社会也有罢工。罢工本是工商业团体所有，现在则政府公职也有罢工。最近如英国有邮务罢工、电信交通罢工，邮政电信，固然亦是一种职业，但这是政府公职，不比一个私的工商团体。此等公职也要罢工，试问此社会前途究该向往哪里跑？岂不是太无目标了。如在一个大沙漠，大旷野中间跑路，没了目标，会跑向哪里去。我们实不敢赞成自由资本主义的社会有这一套，当然我们也不要共产主义那一套。

西方文化固然还有他过人的地方，不该一笔抹杀。他们的事业，今天还是远在我们之上。而他们的性情，似乎还有些粗犷，不能再佩服。我认为西方人的缺点，还是在他们的性情上。他们太看轻了人的性情，而还要闹着性情解放，而要摆弃人类在性情上之一切后天陶冶，这若不是文化衰落，便成了一种文化反动。

我在下次还要再跟着这题目另换一个说法来讲，今天所讲有一点所要贡献诸位的，则要劝诸位莫太过看重了事业，而该看重自己的性情，这是我们中国文化传统所特别看重的一项。诸位不要太看重人生外露的表现。该看重人生"内蕴的享受"，这才是我们的真人生。若使诸位在这堂上听我讲这一番话，也觉得有兴味，那即是一种享受，在诸位，在我心里，同会感到一番快乐和安慰。我并不想标新立异，要拿一套话来说服人，表现我的思想和理论，这些都从事业上着眼。我是讲我心上的感触，而诸位对我这些感触有共鸣，这即是我们一个内蕴的人生。

八 文化的中和与偏反

一

今天讲题是"文化的中和与偏反"。民国以来，讨论文化，大家都觉得中国和西方总有不同。有人说：中国文化是唯心的，西方文化是唯物的。或说中国是精神文化，西方是物质文化。也有人说：中国文化主静，西方文化主动。像此之类，我觉得总嫌不大正确。说西方文化唯物，他们不是不看重心智。说他们是物质的，但也有精神方面。至于静与动，则任何人生，不能只静无动，亦不能只动无静。这都觉得分别得不很恰当。

今天我试申述个人意见来把中西文化作一个分别。我认为文化应可分两型，一称"中和型"，一称"偏反型"。这是我造此名称，用来讲中西文化之不同。我认为中国文化是"中和型"的，西方则是"偏反型"的。怎么讲法呢？任何一物，有全体，有一偏，或偏在这一边，或偏在那一边。今天我们说左倾右倾，我们的思想理论行动，不是偏左便偏右。起初不觉得，慢慢儿会发生毛病。毛病是偏左的就反对偏右的，偏右的就反动偏左的。所以有"偏"

必有"反"。往往每一个理论行动，太偏在某一边了，容易发生反动。反动只是反到相反的那边去。我把此称之曰"偏反"。文化走上了偏路，定会有反动，这是一种自然过程。但这样总不很好。我们要找出一"中和"。

这一"中"字易于误会，以为不在这边，也不在那边，而在其中间。这讲法不大对。这边固是偏，那边亦是偏，在中间则两边不着，那也是一个偏，不是个全体。普通讲这个"中"字，总以为是两个极端之中间，折中下来才是中。其实中国古人讲"中"不这样讲法。所谓"不偏之谓中"，不偏在这边，也不偏在那边，这一个"大中"，是全体。左与右，都在此全体大中之内。当知偏并不是不好，左也是，右也是。一个人，并不能要了右手就不要左手，要了前面就不要后面，不对是在偏上，全体则不偏。所谓中，是一个"大中至正"之中，是一个大局面全体之中。兼包两偏都在内。

中国古人又讲"中庸"，"不易之谓庸"。因偏而生反动，就是易。得到一个大中至正，便不会有反动，故称"不易"。因我们对这中字没有看准，看西方文化一会子这样，一会子那样，遂说它是动的，而我们则是静的。静的就是不前进，死定在这地点。我们看物质方面，种种不如他们，又说他们是物质的，我们是精神的。但精神不能不要物质？于是争论永远不绝。

我今天说：中国文化是走了一条不偏的中和的路。这边那边两无冲突。如左手右手，前面背后，都在我的一身得其和。偏要一面，就不是和，也不是中。中国古人说："中者天下之大本，和者天下之达道。"大本是不动的。从此推演出一条达道，大家可走，而亦大家可以调和。因其同在一全体之内。中国文化四千年到今天，常是一个大中至正，像是不动，其实并非不动，它只是一个全体性的动。所以看像静。西方文化，一会儿在这边动向那边，看是在动，其实是一种反动，都是偏。太偏了，不安现状，就生反动。反动本身没有意义，只是向一个相反方向动去。

二

具体讲，如说自由，自由当然指个人言。西方人说，他们一部历史，就是在争取自由。然而这话不免偏在一边了。组织是自由的反面，试问我们的人生，在整个社会中，能有了自由而更没有组织吗？自由是个人的，团体又是个人的反面。个人在此社会中，要参加团体，投进大群，只说个人便偏了。个人和团体，自由和组织，正如我们两只手，一左一右。或我们一身之两面，一前一后。我们今天只看重了英美这一面，称之曰"自由世界"。那一边共产主义的集团要不得。其实这观念也是偏。英美并非没有组织，为要争取自由，就得从事组织。如英美工人，为要争取工资，而组织工会，罢工是一种团体活动，不是个人活动。今天罢工风潮，不仅蜂起于工商界，大的企业组织有罢工，甚至公务人员也罢工。最近英国邮务工人、电信工人大罢工，一切邮信都停顿。照理这些是一种公务，不该罢工，在罢工中间，也不是每一人都赞成。可是有一个工会组织，不得不罢工。又如学生罢课，也不是全体学生都赞成，但有一个学生会组织，非罢课不可。从前我们在大陆吃尽了学生罢课的亏。今天像美国、日本，乃及其他国家，学校罢课，可以半年一年罢下去。罢工罢课，他们都说是争自由，可见自由走到极偏，也不好。

若说组织，也有组织的好。工人没有组织，怎同资本家争。甚至共产党内部，还是有罢工。如像最近的波兰罢工，这些处很难说组织定不好，自由定比组织好，但也不是组织定比自由好。美国人只讲自由，年轻人不当兵，学校里罢课。此在集权国家里还没有，自由国家就在这些处吃了亏。但自由国家要反对当兵，也得要有组织。所以说"自由""组织"各有利弊。

我们初和外国人接触，就学他们说要自由。我在年轻时，总听说中国社会不好，像一盘散沙。但一盘散沙只是无组织，不是无自由。自由到了极点，就如一盘散沙。既要争取自由，又说我们社会像一盘散沙，这又怎么办？孙中山先生说，中国人不是少了自由，乃是多了自由。多了自由就如说没有组织。在这地方讲起，是不是我们自由也不如人，组织也不如人？讲争取自由，没有像外国人般激昂。讲加强组织，也没有像外国人般坚强。那么是不是我们一无是处，什么都不如人呢？

三

深一层讲，问题不这样简单。从前英国哲学家罗素写了一书，名《自由与组织》。罗素是一个爱好自由的人，第一次世界大战，他在大学里教书，反对征兵，下了监狱。不问国家需要，一意争取自由，那也不好。慢慢年龄大起来，觉得自由固重要，组织也不是不重要，才写这本书。英美人讲个人主义，共产党则讲阶级，没有个人。但我们可以不承认有阶级，不能不承认有"社会"。社会的秩序要维持，社会的治安要顾到。岂能尽讲个人自由。又如今天的共产主义提倡阶级斗争，要无产阶级联合起来反对资产阶级，这也是凭组织来争取自由。一工人，无法与一大资本家争待遇，只有联合起来。一个经济落后的国家，外国货进来，我们的钱都到外国人的腰包里去。喜欢买外国货是各人的自由，但国家的经济无法站起。于是政府采用关税政策，今天的自由国家都这样做，不啻是把政府组织来反对民间自由。

我们大陆有七亿人口，世界各国都想和大陆做生意，这也是资本主义的自由。但共产国家，偏不让你的货物自由销进来。如日本货，销台湾是省力，要销大陆去，就困难。共产国家关了门，不同资本国家做生意，那也有它的苦衷。因共产主义本只是自由资本主义的反动，而走上了另一极端去。结果是各一极端也都无法反对相反的极端，而成为相持的局面。

我们不要认为西方文化讲自由，他们就一定反对组织，反对集权，反对共产主义和阶级斗争。其实没有这会事。双方各在一边，各有得失，各有利弊。只看今天世界一种姑息潮流，便知其中底细。大家争要和我们大陆地区打交道做生意，但大陆今天已经民穷财尽，岂能再让资本国家进来做生意。最后结果，自然决不能像资本主义国家所想象。所以我常说，共产主义乃是资本主义的反动，集权政治是民主政治的反动，谁也反对不了谁。

尽讲个人自由，民主政治，天大事决定在一票之差，似乎更没有其他的是非。如美国在越南，打了许多年仗，人心厌倦，不要打了，政府也无奈何，只有接受民众意见。但又说还有沉默的多数。既是自由，为什么沉默不开口，让少数人操纵？岂不因少数人有组织，而多数人无组织。今天我们希望美国这多数沉默大众组织起来为他们的政府说话，这也是我们的主观太深，太天真了。我们自己站在这一边，要个人自由，反对共产主义，却不知共产主义也是代表了组织一面。他们的组织，不得不说比资本主义一面来得强。讲到做生意，共产国家由政府来做，自由国家由一个一个厂家来做，自然不一定能胜利。

苏维埃在第二次世界大战后，已变成为世界第一等强国，可以和美国对抗。英法诸国都远在其后，岂不为苏维埃有组织吗？拿整个欧洲历史来看，就是一会儿讲个人主义，一会儿讲社会主义，一会儿讲自由，一会儿讲组织，互为反动。翻到这边，翻到那边，左倾变右，右倾又变左。我姑称之曰这是"偏反"的文化。

提倡自由也是偏，提倡资本主义也是偏，当然提倡阶级斗争，提倡集权政治也是偏。你是我的反面，我是你的反面，半斤对八两。没有今天西方的自由资本主义，也不会有今天的共产党。马克斯就在英国伦敦自由资本主义社会里产生出他的一套理论。我们今天要反共，要提倡自由，但也得加意讲组织。如像日本，这十年十五年来，自由资本一天天发展，但社会也一天天不安。若把全部西洋史来讲，自由转到组织，组织转到自由，本如翻车般在滚。我们今天要讲复兴文化，但不是要讲复兴个人自由呀！我们的缺点，或许在更少组织上。我们尽去美国读书，去西欧读书，回来只讲"自由"二字，试问如何能对付人家的组织？我们千万不该只顾了一面，不再顾到另一面。

我们又讲西方文化偏重在物质，这话并不对。西方自罗马帝国崩溃，下面是中古时期，宗教主宰一切。而他们当时的宗教则是太注重讲精神生活了，大家关在教堂里，下面激起反动，就有"文艺复兴"。自有文艺复兴，才再回到物质生活方面来。于是有新商业新工业，有现代的欧洲。我们既看重他们的文艺复兴，又如何要看轻他们的物质文明，这显是不对的。

但西方的宗教，实也讲到一偏去，专讲灵魂，讲天堂，偏于讲精神人生，而不讲物质，不讲现世。他们的文艺复兴，乃是要从灵魂生活回归到肉体生活。于是而有个人自由。又慢慢儿跑出科学。但直到今天，科学只是给我们物质生活的便利。从宗教跑上科学，这不是又从这一偏跑到了那一偏去吗？科学仅能解决物质人生的一面。而人生之全体，则并不能专赖科学求解决。

到了今天，美国人，欧洲人，嬉痞成群结党，他们也只是一反动，是他们物质文明的一反动。留长头发，乃至吃大麻。这在告诉我们，今天的西方人，又要跑上另一个反动的路。固然嬉痞并不是共产主义和阶级斗争，只是有一批人不安于这个资本主义的生活，要求一个精神解放。在物质文明的社会中来讲精神，但还没有提出一个明确的目标。于是吃大麻，迷迷糊糊，只求精神的暂时解放。诸位当知，美国和欧洲社会，同是在这自由资本主义之束缚下，发现了生活之苦痛。每个人的精神生活没有地方发泄，才有今天这情形。他们先是从宗教到科学，将来是不是会又变成从科学到宗教呢？我们也不晓得。但明明有一种反动现象在那里表现，这又证明了他们的文化，还是在一条偏反的路上。

四

我们换一句话说，今天是一个科学时代，有了科学而无宗教，有了物质人生而无精神人生，又快要来反动。我们中国人很早就看出这一个所谓相反的两极端。在《易经》中就讲此道理，中国人称之曰"一阴一阳"。日是阳，夜是阴。男人是阳，女人是阴。不能有了白天没夜晚，不能有了男人无女人。在此相反的两极端之交互会合中间，正是大道所在，故曰"一阴一阳之谓道"。中国人所讲的"道"，正是在此一阴一阳中之全体活动，并不是偏阴或偏阳，也不是既不要阴，又不要阳，而在其交界的中间处来求中国人所谓"中道"。乃是在一阴一阳之大全体中看出其一个活动之大道。如昼变夜，夜又变昼。夏变冬，冬又变夏。晴变雨，雨又变晴。一反一复，其实只是一全体在动，而中国人把"阴阳"两字来作说明。依据《易》道，我们正要在相互反对中求综合。一面是自由，一面是组织。一面是肉体，一面是灵魂。超其上有一综合之全体，我们要在此综合全体中找出一个"中庸之道"来。所以说"不偏之谓中，不易之谓庸"。昼定会易做夜，夜又定会易做昼。变易便是个不易，"易"与"不易"像是相对相反，其实是一"中庸"之体。不能有了这一面，不要那一面，要两面调和都存在，不能由这一面取消那一面。中国人这个道理，既简单，又清楚。你说晚上好，等着会白天来。你说白天好，等着会晚上来。你说自由对，等着有事要你组织。你说组织对，等着又有事要你自由。你说个人对，有时更要在社会，在群众。你说社会群众对，有时又重要在个人。在此一阴一阳之反复中，始见此大道。

在马克斯《资本论》以前，有黑格尔的《辩证法》。说一切有一个正面，就有一个反面。正反合起来，又变正，那么又会来一个反。如此一正一反再合，以至于最高的一个"绝对"。他这些话，初看觉得很新鲜。但实只是在名字言说上玩花样。试问自由和组织合起来成个什么？那就无此一名，很难说，所以他不举实例，只用符号说，有甲必有非甲，相合称乙。乙又有非乙相合称丙。丙又有非丙，相合称丁。丁又有非丁，相合成戊。如此以往，实只是在玩符号把戏，所以能至于无穷。

今试落实说，自由必有一不自由作对，但双方相合又是个什么？组织的对面是无组织，但二者相合又是个什么？若说自由与组织相对，二者相合又是什么？可知所谓"正反合"，只是一种符号，并无实际，只是黑格尔心理上之一种想象。一正一反，合成一正，又来一反，再合成一正。在心上可以如此想，但在世上没有事实可举。生死相对，死了就完。这是一真实人生。要说人生与非人生对，又合成什么？那全只是名字言说，更不是一个真实东西。

如说自然与人文，或说天然与人为，两者一正一反，合起来便无可说。中国人则称之曰"天人合一"。此话说得多么聪明。"人文"要和"自然"配合，自然在这一面，人文在那一面，两者配合，乃是大中至正之道，是合天然与人文为一大全体。讲到这里，无法再向前。但黑格尔讲法，则可永远向前。由黑格尔转出马克斯来又不同。由奴隶社会变出封建社会，又变出资本主义社会。来了一个，吃去一个，不如黑格尔讲法易得我们喜欢。又且到了共产社会起来吃去了资本主义社会，早就是一个绝对了，更不如黑格尔之迈进无疆。但马克斯所讲却是指着事实而非玩符号，所以黑格尔思想到底不能和马克斯争。

今天我们实在也太看重了西方人。他们说的话像都对，不许再想，再加以批评。但倘使黑格尔对了，不会再来马克斯。若使马克斯对了，则如今天的苏维埃，和我们大陆中共又是对不对呢？若说是资本主义社会对，又试看今天的英美社会，究是对不对呢？他们在那里一翻一滚，定说是进步。则今天的科学时代是不是真比昨天的宗教时代进步了呢？诸位认为中古时代要不得，但从宗教立场讲，怕今天的社会，将更是要不得。从前讲上帝讲灵魂，今天我们讲物质讲资本。究是哪一个定比哪一个好了呢？对了呢？

今天我们要反共，乃是我们自己的立场，也是我们自己的信心，不是要追随着外面的所谓自由世界来反共，当知这个自由世界根本就不反共。英国首先第一个承认了大陆共党政权，法国次之。下面是美国，已经跃跃欲试，见猎心喜了，哪里在真反共。讲物质，讲资本，只要有利可图，并无原则可守。自由世界之大原则，则在做生意。科学研究也为着做生意。于是我们又有一问题，今天的西方能不能从他们的科学再回到宗教呢？这事似乎很难讲。西方的科学本是一偏，宗教也是一偏。但要从这一偏重新又回到那一偏，至少尚未见其迹象。

今天西方自由世界所看重的其实只是功利，只问能不能占便宜，谁也逃不出此一大原则。世界不打仗，大家做生意，这可说是今天他们的希望了。所以他们既要自由，又要和平，但和平也是在一偏。有时会要斗争的。专讲斗争固不对，专讲和平也不对。此世界也还未到只有和平没有斗争的时代。今天自由世界要和平，只为要做生意，做生意也只为要自己占便宜，哪有所谓反共。西方人反共，乃在功利观点上反；我们要反共，则该在中国文化传统的大中至正之道上来反。西方人爱讲功利，中国人则爱讲道理。此"道理"两字，可以分着讲，可以合着讲。分着讲，道是道，理是理。如说天道、物理。宗教都说讲道，科学则重明理。天道、物理，显然两分。

五

我们再进一步讲，"理"是早已有在那里的。如说人类上月球去，从飞机到火箭炮，到太空船，中间都有理。但此种种理早已存在，并非由人创造，只是由人发明。人能发明飞机之理，根据发明来创造，只能说人创造了飞机，不能说人创造了飞机之理。理原是在那里，不过人不知，经科学家发明才知。然后凭发明而创造，如创造电灯，当然先有电灯之理存在了。但一切理可说早已存在，道就不然。道要由人行出。故庄子说，"道行之而成"。如像一条路，不是先有一条路在那里，只由人大家跑，跑出一条路。不跑就没有这条路。所以"理"总偏于"现实"方面，而"道"则涵有"理想"。

理不能差，差了便不存在。如飞机之理有差，则飞机便不出现，不存在。所以科学时代比较总是偏现实，偏功利，近于唯物。宗教时代则总是偏理想，偏道义，而近于唯心。现代的西方，则是科学时代物理上多发明，而人事上则少领导。今试问。资本主义怎么来？共产主义怎么来？固亦是由人跑出来。但领导此路向者究何在？我们中国社会，则向来不跑资本主义的路，也不跑共产主义的路，但亦总自有路。

上面已说过，资本主义、共产主义尽是偏路，而中国文化传统，则走了一条大中至正之路。在西方，宗教和科学成了两极端，资本主义、共产主义全是科学时代之产物。而在中国，一口气就讲出"道理"二字，这二字中间，连科学精神和宗教精神都在里边。我想西方人的科学，只有得到中国文化来运用，才能无毛病。西方人的宗教，也要由中国文化来运用，这宗教也就没有毛病。两不相冲突。现在世界上，还找不到第二个国家，第二个民族，能在这上，而又顾到那一边。中国人之所谓"相反相成"，所谓"兼容并包"，这就要靠我们现在中国人的聪明和力量来运使。既要不失宗教精神，还要发扬科学效能。道并行而不相悖，万物并育而不相害。大中至正，不偏一方。这样讲，才是中国人的道理，但会感到没有多少话可讲。

自由与组织，资本与共产，各有名目，各有立场。宗教科学，也是如此。西方文化中的名目多得很，讲哲学思想，尽有许多名目。而在中国，就没有这许多。道理就只是一个，一阴一阳之谓道，宇宙人生尽在内。修身、齐家、治国、平天下，个人在内，群众社会也在内。若说中国人没有组织，又怎会有家庭，有国家？正为近代西方人，太讲个人自由，连家庭也不要。自由结婚，当然可以有家庭。自由离婚，家庭又放在哪里？又说独立平等，男的要独立，女的要独立，子女也要独立。说你是前一辈的父母，我是后一辈的子女，有时代之隔，你不能干涉到我。而国家与政府也干涉不到个人。这还有何说？中国人从身到家，未尝没有自由。从家到国，也还是有自由。由国到天下，自由也仍在这里。而组织也就在这里。家与家不相冲突，国与国不相冲突。各以个人的"修身"为本，身与身也不相冲突。所以中国人思想的传统，有时等于像无思想，太简单。

近代我们中国人，都要骂中国人思想笼统，不会分析，没有力量。只懂得崇拜西方思想，把西方思想中种种名目，全拿到中国来，于是说打倒"封建社会"，打倒"专制政治"。但在中国历史上，几千年来，实在并没有这些名目呀！这些名目都从外国来，正为他们爱向一个偏的方向跑，跑成了一个型态，再又反动，换一个方向，跑进另一个型态。封建社会跑进资本主义的社会，确实和封建社会不同。共产社会又是一套。西方人跑出很多花样来。像是中国人没有花样，遂说它笼统含糊，马马虎虎。又说中国人不科学。但造太空船到月球去要科学，人生却不能唯科学。尽说中国人不科学，幸而现在西方人不科学的愈来愈多，嬉痞是科学吗？吃大麻是科学吗？罢工算科学吗？现在的西方社会，一天天在那里另走上一条路，我们赞美它能变。可惜这变漫无目的，只是对现状之不安，其实这种变，还只是反动。

老子说："道可道，非常道，名可名，非常名。"西方人有一个"道"，便有一个"名"。资本主义个人自由，共产社会阶级斗争，全是道，全有名。只是不可常。中国人自笑中国，只是一个混沌，我们也可说中国是一个无名色的社会。中国人理想上最伟大的人，就是不能拿一个名目去称呼他。西方人则都要有了一个名目才见为伟大。哲学家、政治家、艺术家、科学家，各有名称。中国人也有名称，如称圣人、贤人、善人、君子等，其实就是没有名称。

试问圣人、贤人究是个什么样人？中国人说不出。西方人则只有宗教家、科学家等，多样的角色，多样的名目。可是制造名目，就同制造纷乱。现在这个世界的纷乱从哪里来，就从一切名目来。这个社会，就变成一个五光十色，乱七八糟的社会。我们今天只拿了西方人的名色来看中国，来批评中国，中国既不是一个科学的人生，又不是一个宗教的人生，中国的社会也难安上一名称。一切都不是。然而若使中国社会真上了轨道，就是安安顿顿的一个社会，是一个大中至正之道的社会，是一个不偏不易一团和气的社会。若有许多名目，就是不和。

六

我可以诚恳告诉诸位，我们平常讲话，乃至思想，所用的几许名字，都从西方来。如讲自由，我们今天认此两字像是天经地义，我们只觉得自己这样不自由，那样不自由。又如说科学，科学又是一个天经地义，我们又感到，这样不科学，那样不科学。我们尽用着西方名词来看中国社会，来看中国人生，来批评，来反对，而西方一切名词则都是一偏的，其实都有一个反面。但中国人原有的许多旧名词，今天我们都不用。如仁、义、礼、智，孝、悌、忠、信，我们很少认真使用。但若真用着这许多名字，孝就是孝，不孝就是不孝，当然不能把孝同不孝正反合起来又是一个东西，这是根本没有的。孝就是对，不孝就是不对，这便完了。中国人只有一个"对不对"，就是只讲一个道理。西方人则你有个道理，他亦有个道理，而且又是同你的正相反对。你讲自由，他讲组织，西方人自己已沉浸在这样一个社会里，而苦于自己不知道。

今天已该进入一个大同时代，我们该把世界人类的思想理论来好好整理。当然我们还应该读几本中国书，把中国人几千年来所讲的道理作标准。不要尽讲西方人道理。如讲仁，反面就是叫不仁，不仁便是不道无理，不能与仁相对立。不像西方人理论，分则两偏，合乃成一，都成为相反而对立。有是亦有非，有非亦有是。中国人所讲则只有一面，可是这一面已包括了全体。你说自由也该仁，你说组织也该仁，你信宗教固该仁，你治科学亦该仁。发明原子弹纵是科学，也便是不仁。做生意也要信义，要仁，只讲赚钱，便埋没了良心。中国人说是为富不仁。没有所谓自由资本主义。阶级斗争也是不仁，没有所谓共产主义。

我今天讲这些话，将使诸位一听便笑为落伍，或疑其顽固。今天我们不能再讲这一套，只要新名词，新观念，新理论，走上外国人的路。可是今天的外国正感到无路可走，除掉西方的，还有中国的，有此一套老家当，为何硬不拿出来，苦了自己，也苦了世界。

我们今天千万不该只站在个人自由主义的立场来反共，更不该站在资本主义的立场来反共，这都反不了。诸位当知，左倾中间也有其一部分理由，并不是一面全是，一面全不是。我们要有一个大中至正之道，要求一个"和"。这也不像今天西方人讲法。我们今天要反共复国，就该要打，不要和。和平与战争，不是两面对立，乃是一个道理。该战就战，该和便和。我们该把一个大中至正的"常道"作张本。若尽追随他人，今天姑息气氛弥漫全世界，我们又该怎样呢？

共产党只要斗争，不讲和平，毛泽东、苏维埃都如此，其实这也是西方头脑，西方文化。只有中国人能平心静气，有此聪明，来斟酌，来判断。所以我说中国文化是"中和型"的，西方文化是"偏反型"的。诸位不要认为中和就没有了力量，没有了斗争。照中国人道理来讲政治，一定是大政治家。照中国人道理来讲军事，一定是大军事家。照中国人道理来讲教育，一定是大教育家。现在我们则只学西方人，各人有一套，却都不是大道理，相互配合不起。年轻人处在这复杂纷乱的情形下，索性去做嬉痞，吃大麻。我想西方社会，至少再要大变，要变上一条路，至少要十年吧，恐怕还不够。我们该要自本自立，不能尽跟着别人跑。今天在全世界中最安顿的是台湾，嬉痞没有，大麻不吃。但我们唯恐追不上西方人的路，这实是我们的错。真要一旦追上了西方，这许多花样都会来。不要大陆来了共党，此地又来了嬉痞，此实值得我们之警惕。

九　文化中的自然与世俗

一

今天讲题是"文化中的自然与世俗"。这两面，我们每天接触到，一是天地大自然，一是我们人群自身，就是这世俗。此两大部分，乃是人类文化中两大要素，也可说是人类文化中两基层，两础石。人类文化就产生建立在这"自然"与"世俗"上。但也可说，世俗也即是自然。人在自然中生，在自然中死，整个的人生大群，都只是自然中的一部分。没有自然，就没有人类。但我们还是可以分开来讲，也可说人不完全是自然，人类文化，也不完全是自然。文化慢慢演进，文化越高，好像它脱离了自然越远。但如《西游记》上的孙行者，翻一筋斗十万八千里，而翻不出如来佛的手掌。人类文化纵再进步，也逃不出自然范围，还是不能违背自然。我们定要明白这一点。

文化是我们大群集体的人生。这一大群集体人生各方面结合累积，种种变化，我们称之曰"文化"。但我们要明白，文化不即是世俗。大群人生，三千五千年，三万五万年，也可说它只是一世俗，并不即可称它是文化。

在我们几十万年前有原始人，就有他们原始时代的世俗。现在世界上落后地区，落后民族，也各有他们的习俗生活。但严格言之，并不能说他们有文化。我们只说这些社会无文化可言，最多也只能说他们有的是原始文化。如此说来，原始人类乃及未开化落后地区的人类，有世俗，无文化。他们的世俗，则仅是一自然。人类文化，就从这些原始人，或自然人中间，慢慢开化进步而来。因此我们说，自然中间有人，人之相聚而居的生活，造成了一种世俗，这个世俗则只能说它是自然，不能说它是文化。文化不能违背自然，也不能脱离世俗。若果违背脱离了自然与世俗，此一文化也无可立足。"文化"是从这"自然"与"世俗"两基层中建造起来。若使文化坠落，或是说此文化降低了或后退了，那即变成为回归世俗，与回归自然。

二

世俗包围在大自然里，面对四围的自然，逐渐发明出两项东西。一是"科学"，一是"宗教"。我此所谓科学，当然从原始的广义的讲。人类自懂得使用石器到铜器铁器，皆是科学。人类自茹毛饮血到懂得烹饪熟食，也是科学。人类自穴居洞处，到建筑房屋，也是科学。舟楫车辆之使用，种种是科学。科学是用来对付自然，便利人生的。

说到宗教，人类面对自然，最起先的是迷信，后来到有信仰，才始有宗教。所谓宗教信仰，主要是信整个宇宙中一切有某一种超人的智慧与能力来创造，来支配。此一种智慧与才能之人格化，便是上帝。这是我们的信仰。但究竟这一个大自然是否有此最高的主宰，在计划创造而管理，其证据又安在？越到科学一天天发达，越觉得这个信仰无把柄，岂不便也成了迷信。但迷信和信仰两者间，究有一个分别。迷信是信一些外边存在的东西，如一块石头，一棵树，疑神疑鬼，疑它有某种能力与作为，这是迷信。信仰则如我们信有一个宇宙最高的主宰上帝。上帝亦像在外边，但已内在化。人类的信仰，乃从人类自心向外发展，把人类自身外在化，而我此刻称之曰内在化。亦可说是由内向外化。因此，迷信只是疑有物在外边压迫我，一块大石，一棵大树，都在人之外边而它的势力为人所不可防御，而心生害怕。信仰则是从我们自己内心启发，认为这整个宇宙不像是一块石一棵树般，零零碎碎，东一个、西一个，围在人之外面，而有一个最高的上帝在主宰一切。人类有此一"信"，心神始得安定下来，懂得在宇宙间该如何自处，而始能从自己心里产生出此种信仰来。因此今天的西方人，每认为一个民族，若仅有迷信，没有信仰，就见他们的文化低浅。信仰就代表着人类文化发展向高深处，达于某一阶段而产生。换言之，迷信没有我自己，信仰则是有我自己在内的。如我信如此，我信如彼。耶教、回教所信各不同，要之其所信仰，乃是发生于他们各自的内部，而所信仰的，又恰与人类自身相类似。上帝是经过了人格化。所以说，人类从迷信到信仰，这是人类心智，一项力量之极大的进步。

但迷信也好，信仰也好，外边总是一个大自然。此大自然中的一草一木，我可对之有迷信，此整个大自然，我可对之有信仰。从于人类之信仰，而使人类了解到宇宙之伟大，同时也使人类了解到自我之卑小，而发生一种谦恭之心，即谦虚和恭敬。人类的迷信，只见外面与自己之对立。人类之信仰，则见外面与自己之合一。人类在此合一之大全体里面，虽愈觉卑小，但人类地位则大大提高了。

如我们进教堂，展拜上帝，自会兴起一种谦恭心，卑小感。此和迷信不同，迷信对方，只是木石之类，使我害怕，但不会使我谦恭。一头狗，一只鸡，任何一动物，都知道有个己。鸡与狗，都可见人怕。或者鸡怕狗，狗怕鸡。但并不知道自己之卑小，也不知在这世界内，在这生命界里，它自己的地位。人能感到自己地位卑小，他的心灵已经发展到很高境界。但如原始人，未开化的落后民族，他们也和其他动物差不多，知道有自己，亦知道有害怕，而不知道自己之卑小，因此也不懂得谦恭。谦恭是人类一种很高的心理状态。文化愈高，教育愈进，人才愈懂得自己卑小，而愈有一种谦恭心。而人的地位，则在此谦恭心中大大地提高了。

三

中国在先的文化传统中可说是没有宗教，但也有一套宗教情绪与宗教精神。《诗经》上说："小心翼翼，以事上帝。"究竟有没有上帝呢？看不见，摸不着，而中国古人也似乎没有在此上认真寻求，所以也没有发展出一套具体的宗教来。但亦能小心翼翼，在那里奉侍那上帝，这就是一种宗教情绪。我们传统文化之可贵，也可说就在这个"小心翼翼"上。现在我们中国人讲话，始终还是说你小心呀！对付外面一切，都要像对付上帝般小心。对父母、对皇帝，都有一个具体存在那里，上帝看不见，摸不到，更高更远，我们奉侍它，更不能和奉侍父母、皇帝相提并论，更要小心翼翼。这是一种宗教精神。我们可说，宗教便是崇拜大自然，但不是一草一木的崇拜，乃是对自然之整个崇拜，而崇拜到大自然中这个最高的主宰，上帝。这个大自然，都由这个上帝主宰安排。所以崇拜上帝，也即是崇拜自然。但宗教在另一方面却是压低了我们的世俗。我们人类之卑小，该要懂得谦虚恭敬。于是宗教的对象，一面是崇重自然，崇重上帝，另一面却否定了我们世俗的价值。要我们出世离俗，重归到大自然中去。

照耶稣教讲，人类出生就带着满身的罪恶，那又是原始的罪恶，从未生前就犯上了，因而降谪在世。须经审判，或上天堂，或下地狱。整个人类最后还要有一个末日审判。所以人生从罪恶中来，要我们赎罪，来等待此世界之末日审判，那世俗则是必然要结束的。神父修女，男的不要娶，女的不要嫁，世俗人跑进礼拜堂，那时就该是一番出世离俗的心情。佛教要讲摆脱轮回，人生只在轮回中，前世或是一狗，后世或是一猪，如是轮回转胎，永无休止。佛教教我们超脱，到达涅槃境界，那即是没有了人生。这也是一个出世离俗。各宗教内容不同，但这大处都相同。宗教都看不起世俗，都要"出世离俗"。在今天讲来，都认为宗教这一种态度太过分了。今天人类的宗教情绪，也已淡之又淡了。在西方的中古时期，这是宗教最兴旺的时期，但后人则称之曰"黑暗时期"。自有文艺复兴，由灵返肉，从看重灵魂生活再回到肉体生活。从天堂信仰再回到日常世俗。从前教堂没有许多窗，只有上面一线天光，这即象征了上帝。但到文艺复兴后，教堂四面皆窗，窗外望去，只是世俗。若真信宗教，要修道，实不该有这许多窗，让你眼睛望外面。外面世俗要不得，哪有可望。人该摆脱世俗生活，才能回到灵魂生活。但文艺复兴以后，中古时期的宗教人生，一变而为现代的工商人生，科学乘时崛起。今天的世界，是工商业科学的世界了。人类能跑上月球，和中古时代关闭在教堂里的生活，大不相同。今且问科学人生和宗教人生双方背道而驰，其间究竟有没有一个人生之"中道"。这就得说回到我们中国的传统文化来。

其实据科学所讲，我们今天所了解的自然，真是一个很小的小自然，并不是个大自然。而且科学的最后，也还要顺应自然，并不能反抗，更不能战胜自然。人上月球去，固是科学上的大进步。但我们这个太阳系便有十个大行星，地球仅是中间一个，月亮只是附属于地球的一小点。太阳系以外还有大的星河，不晓得拥有几千几万个太阳。我们所看见的星河，又仅是天上一个小的星云集团，不晓得还有几千几万个大的星云集团在天上。人生在自然中，如此渺小，真是无法讲。但人类慢慢儿了解自然，而一方面又变成看轻了这个自然。而且另一方面却又看重了我们这个世俗。我们变成来导奖世俗，欲望一天天提高，认为只拿我们人类的智慧与科学便可战胜自然，要怎样便怎样，不想人自身就是个自然。要把人间的科学来战胜自然，那真是我们人类的一种自大狂。上一个世纪讲科学的都如此，这一世纪稍稍好些，然而人类的谦恭心与卑小感则已失掉了。宗教崇拜自然，看轻世俗，固有它的缺点，也有它的长处。今天抬高世俗，来看轻自然，恐怕和宗教至少已犯了一种相异而又相同的缺点，或许这面的缺点会更重大，更危险。

今天人类，自谓获得了好多新知识、新能力，但失掉了一个自己之"卑小感"。于是对人、对物、对世界、对宇宙，都没有一种"谦恭心"。既不谦虚，又不恭敬。只看当前各人家里的小孩，都不懂自己的卑小，也不能丝毫保留得谦恭心。小孩如此，大人更甚。科学宗教正处在一个相反的地位，科学一天天发达，宗教就一天天落后。今天的人类则仅凭着自己一点聪明与方法和技术，而目空一切。进步呀进步，但不知要进到哪里去。文化固不是纯宗教的，纯宗教固是有毛病；但文化也不是纯科学的，纯科学一样有毛病。我们既要宗教，又要科学，而两者又是对立不并存。稍懂一些天文学和生物学，便不能信创世纪。信仰淡了，上帝迷失。于是遂成为世俗至上。只有中国文化传统，可说有两者之利而无两者之害。中国人也崇拜自然，崇拜天地，也懂得人之卑小，怕比西方信宗教的，更还有一番更深切的谦恭心。纵说中国人没有宗教信仰，但对宇宙有一种理性上的认识。知道天地之伟大，又有一种"报本返始"之心。知道人从何处来，从父母来，从大自然来。敬天尊祖，极"谦恭"，报本返始，极"敦厚"。不是讲交道，衡量利害，只是一番感恩图报的诚挚心情。

中国人拜祖先，但并不信有祖先之鬼。向来的中国人，从没有用过力来证明人死后有鬼。中国人也从没有来具体证明有上帝创造世界。中国人并不讲这些，所以今天的科学，可以推翻宗教讲法，却不能推翻中国人所讲究的人类内心那一种感恩戴德而又不忘自己卑小的谦恭心。西方宗教不免要排拒科学，如天文学、生物学，开始都受宗教排斥，只苦排斥不掉。科学也在排拒宗教，科学力量上升，宗教力量下掉。但中国社会则并不排拒宗教。中国人讲孔孟儒家，自有一套，但佛教来中国，耶教回教来中国，中国人都可信。而又在同一社会上可以不相吵架，没有宗教战争。

中国古人讲正德、利用、厚生。"利用"正如今天西方讲科学，"厚生"正如今天西方讲经济，但中国人还要在这上面讲"正德"。中国人认为"天地大德曰生"，一草一木之生长，都是天地之大德，所以我们要感恩戴德。天地有德，所以人生也有德，我们的德，即从天地之德来。所以我们要正德。又说"开物成务"，一件东西展开出来可以成很多事，"开物"是为要"成务"。如电是一物，展开出来，电灯、电话、电视成了许多务。所以又说，人要能"赞天地之化育"，人与天地合称为"三才"。诸位如多读几本中国古书，便知远在两千年前，中国古人早已好像在为现代科学讲了好多的话。如开物成务、利用厚生、赞天地化育等，都不失为现代科学上最完满最崇高的宗旨。但中国人同时又有一种宗教情绪，从来不看重世俗。要成务厚生，这和我们的世俗不同。中国古人只说要匡世正俗，要把此世俗加上一个范围，立下一个规矩。固不要遗世逃俗，但世俗总是靠不住。要"匡"要"正"，要加之以"教"，这就如宗教之教。科学则只成为一种学，不是一种教。今天的世界，正苦于有学而无教。如学造一辆汽车，学开一辆汽车，都得学。但学到了，再不受教，坐上汽车往哪条路上跑，这是各人自由，别人管不得。我们今天的科学，变成为跟随在世俗背后来帮忙，今天则是一个世俗至上的世界。

四

诸位初听我讲"世俗"二字，或许觉得奇怪。因为接受了新思想的人，只说社会，不说世俗了。中国人一向称世俗，并对世俗有看轻之意，此处很接近西方的宗教。中国人喜讲三大分辨：

一是义利之辨。不讲有利无利，只讲合于义与不合于义。世俗只懂讲利，文化到了高处才懂讲"义"。中国古人说，"义者利之和"。两利、群利，利与利得以相调和，不冲突，便是义。今天工商社会只为争利，并不能因利而得"和"。

二是人禽之辨。孟子说："人之异于禽兽者几希。"人也就是自然界中的生物，人同禽兽可以大部相似，只有极少几希处不同。即如上面讲，人懂得自己卑小，禽兽不懂。人有谦恭之心，禽兽没有。在人可以有"教"，在禽兽只有学。如家养一狗，养一马，都能学，但不能有教。须是懂得敬天畏天，小心翼翼，才有教。今天则敬天敬祖反而称曰不科学。又如禽兽皆知有爱，只人类爱外又知"敬"。人类中可敬的人常在少数，而世俗则要讲多数。每一人都平等，投票举手，一样价值。此等只在政治上讲。天地之大，哪与你来平等。专就人讲，死人比活人多，但他们不能和活人争投票。活人只讲现世现代，但现世现代并不是人类进步的最高点，或最终点。世俗讲平等外，又要讲独立、自由、博爱。爱一狗，爱一猫，没有敬，一样的有爱。"敬"字则只在宗教里有，科学里也没有。不敬，就不受教。今天的小孩子，对父母懂得有一点爱已很好，敬则再不提。但小孩也不能向家庭社会争自由，争独立。这些都在政治场合中用，但不能成为人生大道向人设教。今天的青年，只想上学，由小学而中学而大学，而出国留学。越上越不受教，大学生看不起中学先生，中学生看不起小学先生，外国留学，就便看不起父母，看不起祖国。但这些也只是世俗，不足举此为教。

三是理欲之辨。所谓"天理""人欲"，人欲须去，天理须存。

现在则又是世俗至上，不再讲究此等分辨。换言之，乃是人欲至上。又是人人自由独立平等。我要，即就是我的理，你就没话讲。但今天世俗所要究是什么呢？第一要富，这不用讲。第二要强，因由强乃得富。第三要争，因富强无标准，只由比较而来。富上更有富，强上更有强。于是乎我们要力争上流，富了更求富，强了更求强，由好争而好斗，于是乎好杀。

最近有两个世界拳王比赛，场里坐着看的两万人，在电视里看的三亿人。一场比赛，共化三亿美金，而每一拳王则各得二百五十万，每一秒钟各得五百美金。在会场上看斗的，两个人心脏病发，立刻死去。在电视上看的，有三个人也由心脏病而死。试问此等事，意义何在，人生就该是这样的吗？人和人比赛之外，又教马与马比赛。一九七〇年，美国全国共有四万九千七百二十匹马参加了比赛。消息既灵通，统计也详密。但赛马究也是一种赌博，可以赚钱，可以发财。其实这些都只是世俗。现代科学则为虎添翼。哪里说得上是人生。

除却好富、好强、好争、好斗、好杀之外，还有一样是好色。男人好女色，女人也好男色。说这是人性。难道人性就是这样吗？中国世俗算得最简淡，只在家里打麻雀。若把中国文化传统里的陈旧古话来讲，今天一切世俗，竟全是人欲横流，只成禽兽。再要就此再往前，再进步，难道这也是人生天理吗？诸位只说今天是科学社会，工商业社会。其实这只是加速地回归世俗，回归自然。世俗与自然只要有教，也都不算是坏，但现在则变成世俗至上，人欲至上，那就无话可讲。

五

今天只在提倡科学，但科学也已世俗化。科学只教人"学"，并没有"教"。明白言之，科学不能代替了宗教。宗教要教人一番道理，一番人生的大道与真理。要教人类觉得自己卑小，要懂谦恭。若使真感觉到自己在世界上之地位卑小，能谦恭存心，那么我们也自然没有这许多欲望。今天我们只懂羡慕外国人，反说要提倡人欲，有了欲望才能发展，有进步。欲望也是自然而有。好斗、好色，都从欲望中来，宗教则教人勿好斗、勿好色，戒杀戒淫，这是宗教中的共同教律。要教人能觉到自己地位卑小。小孩在家里能懂得他地位卑小，他自不敢有主张，有发言权，要这样要那样。

今天的世俗，则要教人平等自由，不把这些教小孩子，将来会一辈子吃亏。这是新式的理想教育吗？其实只是教放纵。学些本领，可以满足欲望，那实是可怕。满肚子的欲望，而再加上某些本领，更可怕。由小学而中学而大学，而外国留学，其实是有大欲存焉，那不糟吗？

诸位不要太乐观，从前的罗马帝国，是怎样垮了的。前天的大英帝国，国旗遍于世界，比从前的罗马帝国更过了头。但今天呢？我们该读历史，懂得些教训，不要专看现代。历史初起，人类是很卑小的，本无什么了不起。但要懂得谦恭。中国人只为看重历史教训，四千年到今天。中国古人，常要讲一套"正德"之学，"尽性"之学。人类在今天，并不是已到了人生最高境界。我们该有大仁、大智、大勇。

仁暂不讲，且讲智。须能懂得人类地位之卑小，懂得谦恭，不要争。孔子说："君子无所争。"不仅孔子如此讲，老子、《中庸》、《易经》都懂得讲。人要"谨小慎微"，一点小地方都要当心要敬，要教人小心。从教人"不敢"而到"无欲"，这有一个大道在那里，这是天命令着我们，不能违背它。这须我们有最高智慧才能懂得。懂得了这些，才有一条路向前，那时我们就该有大勇。这是中国人一套，它要比其他宗教更开明，更切实。

有人说：中国人最现实，也是不错。中国人没有像其他宗教般连把人世界也看轻了。中国人懂得看重"人世"，只不提倡人欲，而好讲天理。诸位是军人，该提倡大勇，负责任，肯担当。可是大勇后面，还是要谨小慎微。诸葛孔明说："先帝知臣谨慎，故临崩寄臣以大事。"诸位若能如此处世，也绝不会吃亏。不好富、不好强、不好争、不好色、不放纵一切的人欲。今天要我们救自己，也只有我们自己这一套。大家这样，自能救国家救民族，将来还把以救世界。我今天只拿这个意思来贡献给诸位，也因诸位的处境，应该最能完整保留着中国这一套，所以救国救世，还是要在我们军人的身上。

十　文化中的积累与开新

一

今天讲题是"文化中的积累与开新"。

一个英国学者讲过，人类文化就是外面有"刺激"，而人类加之以"反应"。所以文化定都从外面有刺激起，他又用"挑战"二字来称刺激。我们对外面的挑战发生反应，其实也不是人类文化如此，一切自然现象都如此。讲到有生命的植物动物，都是由外面刺激，而内部反应。如说草木，气候变了，叶子黄了掉下，明年春天再发新叶，那是适应气候挑战的一种反应，落叶反可减轻负担，保全生机。动物中有许多昆虫，一到冬天就蛰居地下，明年春天再爬出，这也是外面刺激内部反应。有许多鸟定时从南方飞北方，北方飞南方，这称候鸟。都是外面刺激，内部反应。

人类更是外面不断有刺激来对我们挑战，而我们则不断的反应。这情形很平常。外面刺激不会断，每一刺激就是一新挑战，前一刺激过了，后一刺激又来，我们的反应也会变成全新的，但也易到一个停滞的状态。这不是说没有刺激，只是老这样刺激，我们就老这样反应，反应就迟钝了。就如树木，秋天叶落，春天长新叶。虫豸冬天蛰居，春天爬出。常是如此般刺激与反应，就到达了一个固定的境界。刺激，反应，有反覆，而无变化，总是这样子。人类文化亦有到达一个无变化的停滞状态的，那就是不进步。直到今天，这个世界上，还有原始社会，或说是落后地区，同是人类，同是经历了几十万年，可是他们永远这样刺激这样反应，就在一停滞状态下没有进步。

为什么外边有刺激，内部就会有反应？那是要满足我们的需要。我们生命中有需要，需要可以获得满足，但真到了满足的状态下，也就不会有进步。如饮食，在人生中是最重要的，但也是最不重要的。一天三顿，天天这样吃，几百几千年来就是这样。肚子饿，是一个刺激；吃东西，是一个反应，可是没有尽多的新花样出来。如穿衣，冬天加厚，夏天减薄，也是这样，没有什么大变化。有了一所房子，一辈子可以住，祖孙三代都可住。几百年传下，也极普通。所以衣、食、住是人生中最需要的，又该看成是人生中最不重要，甚至于没有意义的。人类文化进步，变成为不是专求吃、专求穿、专求住。那才是高度文化，吃得好一点同不好一点没有很大的分别。我们需要不断地有新刺激、新挑战，这样才有新反应，文化才能不断地有新进展。这一层，诸位都可明白。

人类文化经受外面挑战刺激，最复杂、最多变，那么人的反应也自然最活泼、最新鲜，这种文化才是最有意义、最有价值的。所以我们不要怕外面的挑战和刺激，我们应求能有更多刺激，才能有更多的"变"和"进"。如此讲来，只有中国文化所受刺激最多，而我们的反应也最复杂，更是不断的有新鲜反应，中国文化的价值，就在这里。此层讲来很简单。如讲天时气候，中国地居北温带，直从蒙古高原大沙漠，一路往南，到了广东、福建，亚热带地区，中国人所受天时的刺激，天时所加于我们的挑战，那是很复杂的。欧洲人如希腊、罗马，都在欧洲南部，只是一种气候，很简单。到了中部，英、法、德诸国，也可说在同一气候中。到了俄国，最寒冷，可是各自在一个固定的单一的气候中。若合起来讲，一个欧洲等于如一个中国，但分开来讲，欧洲有许多国家，他们各国所受到天时的刺激都是单调的。希腊、罗马、英、法、德、苏都一样。所以他们关于气候的刺激方面，易于到达一个停顿的状态。积久便等于无刺激，没有中国般的复杂。

二

讲到地理山川，中国是一个大一统的国家，疆土广大，从蒙古高原直到广东、福建沿海，乃至台湾、琼州岛。不如欧洲一个希腊，只在一半岛上。罗马开始只是一个罗马城，后来扩大了，也不过在一个意大利半岛上。以后再扩大，变成罗马帝国，征服了外面希腊人、埃及人、中亚细亚人、非洲北部，乃及英国、法国等，但罗马人本身，还是限在罗马一个小疆域之内。所谓欧洲现代国家，英、法、德、意，每一国不过像中国一省大。最大的超不过我们一个四川省，小的还不到我们一个江苏、浙江省。国家小，所受地面上的刺激也简单狭小，没有大变化。这样一来，每一国家不断在一种单纯的刺激之下，他们会慢慢的固执自满。英国人认为英国对，意大利人认为意大利对，各自满足而固执，正为他们所受刺激和我们不同。如说巴尔干半岛的一条多瑙河，经过德、法两国的一条莱茵河，哪里能和中国长江、黄河相比。然而一条多瑙河，从上流到下流，已经有了好多国家。一条莱茵河两岸，也就不是一个国家。讲到山，如说阿尔卑斯山，从法国跨过这山到意大利，拿破仑的军队经过这山，说“我不觉得字典上有一个‘难’字”，成为欧洲人一句名言。但阿尔卑斯山哪里能和中国的太行山相比。又如中国南岭山脉，两广、福建都在其南，哪里像一个意大利半岛。所以欧洲诸国都是封闭在一个小疆域之内，土地狭小，老在这一个狭小的国土内，就造成了他们的狭小心胸。他们的刺激老是如此，他们的反应也就老是如此。

三

天时地理以外，再讲到人事、历史。中国历史长，西方各国历史短。我曾讲过，中国文化是长命的，西方文化是短命的。今天再从今天的题目来看，希腊固是了不得，可是希腊亡了，它的历史也就断了。罗马人起来，但罗马并不是接着希腊人的历史经验而来，罗马是另一段历史了。罗马亡了，到中古时期，也不就是接着罗马的历史。由中古时期变成现代国家，中古时期的历史是断了，现代欧洲也不即是接着中古时期下来的。中国从春秋到今天两千几百年，欧洲从希腊到今天也是两千几百年。但我们的两千几百年是一线相承，他们的两千几百年是时断时续。这一段历史断了，另一段历史起来。他们把这许多段历史拼搭在一起而成为一部"西洋史"。古代西洋史只有希腊人，只在这个希腊半岛上。后来的西洋史有罗马人，有北方蛮族。不仅舞台上的戏目变了，脚色变了。而且连舞台也变了。中国历史，直从春秋到今天，是部大本戏。只由中国人作脚色，在中国舞台上演，这是双方一个大不同。

人从婴孩幼稚期，逐步刺激反应，有了知识经验。孔子说，"三十而立"，那时才可以站得住，当大任。因是经验丰了。历史就是人生的经验，后人接受着前人的教训。西方历史短，希腊、罗马、中古时期、现代国家，一口气读下不觉得，但只是几部历史拼凑起来。若分别讲英国、法国史，最多也没有一千年。意大利、德国更短，最多没有两百年。苏维埃只有几十年，即连帝俄时代也不过几百年。历史短，经验就浅。

我今天的题目，用了"积累"二字。他们的文化，就是没有积累。前人的历史，同后人不相干。希腊人亡了，罗马人不管，罗马历史还是从头起。罗马人亡了，现代欧洲人不管，历史还得从头起。他们的帝国主义就是学的罗马，但只能说受了罗马历史的影响，没有受到罗马历史的教训。所以没有罗马人当时这一番痛苦经验，英、法、德、意诸国拼命要发展向外，他们脑子里有个罗马，但只受了罗马的一种歆动，没有能因于罗马而自加警惕。今天的西方国家，换一面讲，实际都是小国寡民。他们讲民主政治，那是学的希腊。实际罗马也是一个小国寡民，只限在一个罗马城到一个意大利半岛。后来大英帝国国旗遍及全世界，实际也只是英伦三岛，并亦内部互不和洽。他们向外学罗马，里面学希腊，但亦都没有受到希腊、罗马历史的教训。今天的西欧人，苏维埃大敌在前，但他们心胸狭小固执而满足，连一个共同市场，也只有六个国家，英国要加入，受拒绝。直到今天才获加入，但在英国内部，也还有反对。若论科学发明，一辆火车，不到几点钟，就可跑几个国。飞机更快。但西欧国家，终不能和衷共济，扩成一个大国。近代中国人，纵然一意崇拜他们，但平心论之，他们对于所谓"人文"知识，如何的修身、齐家、治国、平天下，实在也是肤浅，在事实表现上无可否认。

自由、平等、独立、博爱诸名词，今天我们中国人听着，都像是天上地下独一无二，最伟大的教训。但试问，一个小孩子生下，他便能自由独立吗？他又能和他父母兄长平等吗？至少这些道理，在小孩时讲不得。又如他们的民主政治，崇尚自由，遇到共产集团也就无法讲，只说这是他们的自由。可见这自由的道理，在他们实是讲不通。今天因我们正碰到了新刺激，共党盘据大陆，我在此批评西方，诸位或许也会听。

四

我说西方人讲道理是狭小浅薄的，因他们的文化刺激有限。我已分着三方面讲，一是天时气候，一是地理山川，一是人文历史。他们的文化，都是狭小。我们则是一个大一统的国家，有七亿人口，有五千年一贯下来的历史。所以说我们的文化，积累深厚。他们只是过路拆桥，从这边跑过那边，中间那座桥就拆了。诸位看西方历史，不是如此吗？罗马帝国在这端，希腊在那端，只不见中间这顶桥。现代国家在这端，罗马帝国在那端，中间这顶桥也不见。我年轻时听说英国、法国，认为将永远隆盛无休止，但现在呢？前面大路上，只见美国和苏维埃，美苏在这端，英法在那端，中间那座桥也不见了。美国还是另起炉灶，不是英法之除旧布新。

我们从前认为以前的欧洲历史，到了英国、法国，开出了新样。现在证明，英法还是同从前的欧洲历史一般，其兴也骤，其衰也速，我们说欧洲文化多变，这是对了。然而有转换，不是有累积。只是翻出来，不是堆起来。我请问，人的生命，岂能年轻时一个，到中年又换一个，老年又换一个，生命则只是积累而成。我们当前的生命，乃是从生以来所积累。中国民族文化的生命，则是从黄帝、尧、舜以来所积累。诸位尽赞扬西方人，看他们一番换一番，一个换一个，何等翻腾，诸位说这是进步。但从今天看，岂能定说美国人比英国、法国人进步了。或许美国人会更狭小、更固执、更自满。

从现代的西方历史看，只有他们的物质方面，则确是由积累而进步了。若论人文方面，他们的历史总是接枝生长，像一棵树接在别一棵树上。又如我们说借尸还魂，这个灵魂跑到别个身体里边去。希腊人、罗马人借尸还魂，跑进法国、英国人身体里边去，再跑进美国、苏维埃的身体里边去。也可说他们是一种短距离赛跑，中国则是长距离赛跑。他们是接力跑，希腊换罗马，罗马换英法，英法换美苏，不断有新的力量接上。中国人在长距离上只是一人跑，五千年跑到今天，还在那里跑，似乎有些疲乏，那是免不了的。此处正见中国历史文化之伟大。由四五千年之积累中，不断开新。在他们是拆旧新建。在我们是旧里开新。经历春秋战国、秦汉、三国两晋、南北朝、隋唐、五代宋辽金元、明清各代，而有我们的中华民国。还是中国人与中国，还是一部中国历史，还是一个老的根，永远在那里发新芽。这种生命力是伟大的。诸位不要尽看轻自己，中国人和中国历史，并不简单，广大深厚，以有今日。但我们却起了一个极错误的新观点，不懂得自己已往的历史文化也罢，又只要抄袭追随西方，必把自己一套一扫空之而后快，那不是自寻绝路吗？然而我们则群认以为是新思想，是新潮流。则亦无怪有毛泽东之崛起。他想建立一个马、恩、列、史、毛的新传统，但从马克斯到今天，也只一百年，列宁到今天五十年，而要把我们自己文化传统腰斩了，哪里有如此省力事。

五

今天我们在台湾，又有人来讲台湾独立，由中国人自己来支解中国。这里割一块，那里割一块，他们心里或许是要学美国，美国人多数是英国人，但他们独立成了一美国。讲台湾独立的，也不是不自认为中国人，但美国人能独立，我们为什么不能？但若撇开了美国来讲中国自己传统，台湾人大部分来自潮州漳州，闽南人、广东人、广东客家人，跑到此地来，就是今天我们台湾人。但推上去，广东福建人又从哪里来，大部分还是由中原的中国人迁徙而来。我们只看各省各地的地方志，广东、福建省志，潮州、漳州等府志，乃及一县一县的志，今天在台湾，如中央图书馆、故宫博物院、中央研究院、台湾图书馆、台北市立图书馆，各处所藏志书还不少。志书外，还有各家家谱，有一位台湾小姐，在《青年战士报》有一篇长篇连载，把中国百家姓，一姓一姓分述，台湾姓张、姓王、姓赵、姓李的，他们都是大陆来。他书名《五百年前是一家》。这是我们中国人观念。但这个家越来越大，从中原而到闽广，又从闽广而到台湾，从台湾南部到北部。倘使讲到五百年前的话，五百年前哪有一个美国？五百年前的英国又是什么样子？我们这些姓，大概都是两千年三千年积累在那里。中国家族和中国人，可说是经过文化淘洗的血统。中国和中国文化，可说是由血统凝结的文化。西方历史像是一种输血，希腊、罗马人的血，输进了英国、法国人身中。英国、法国人又在输血，美国是受他们输血的。这里双方究当有些不同。所以在中国历史里，广东、福建人，不闹广东、福建独立。云南人也都从大陆去，抗战时我们跑到云南，云南人总喜欢说他们是南京人，也没有闹云南独立。大批山东人、河北人迁徙到东北九省，也不闹东北独立。我们在对日抗战前后，乃有所谓满洲国独立。外国人不了解中国，还认为满洲人自该独立一满洲国。当时的国际联盟还派了代表来调查，他们纵使了解这事实背后就有日本人操纵，这是一国际间的阴谋，但满洲独立，仍像可有此一说。今天又有人要来闹台湾独立，不是和那时的满洲国独立如出一辙吗？

再说台湾有没有独立过呢？在历史上，台湾是有过独立的。郑成功到台湾，就是台湾独立。那时有大批中国人跟随同来，今天我们台湾同胞的祖宗，跟着郑成功来闹独立运动的应很不少，这些都是爱国之士。满洲人打进中国来，这是中国历史上一个新刺激。中国人跑到台湾独立，便是中国民族一个新反应。郑成功的台湾独立，只是不受大陆满清统治，在此独立，还要打回中国老家去。

第二次台湾独立，那就是满清政府把台湾割让给日本，台湾同胞不肯，不愿接受日本人统治，当时就选一个大总统唐景崧，他是大陆人，不是台湾人。那时台湾同胞就推举他做大总统，可见那时的独立，不是要对大陆独立，乃是要对日本独立。但并不能抵御日本的力量，这个独立就如昙花一现，不存在了。今天的我们，实在也是台湾独立呀！中国大陆变成了共产统治，政府迁来台湾，要继续反共，于是有金门大战争，这不是我们又在干台湾独立吗？我们这个独立，也还是要打回大陆去。我们不能尽来学西方，该学的是他们的科学，科学没有国界，和人文历史不同。从前的人文历史不能抹杀重写，不能把中国历史接上西洋。诸位又说，今天是工商业时代，是人类登陆月球的时代了，我们不该再要旧的，只要新的。讲科学，在物质文明方面，这话是不错。但讲人文历史，中国还是中国，西方还是西方。西方人也没有说，今天登陆月球可不再读希腊罗马史，他们的历史，还是他们的历史。中国也一般。

我们不能学毛泽东闯大祸，要把中国祖宗积累一刀切断，在这边是切不断，在那边又接不上。倘使我们今天台湾独立了，我请问，台湾要不要有历史呢？国于天地间，总该要有历史，但这部历史又将如何写？说我们革命了、独立了，但我们由哪里来，我们的祖宗在台湾住了多少时，总要往上推，说到郑成功，说到唐景崧。不能说今天台湾独立，就从今天起，台湾选了一新总统。但他怎样成人，受过什么教育？不能只说他曾从美国、日本留学来。我们不能把中国历史一刀切断，不能把中国文化弃置不问，不能说没有家属祖先，只是别人家一个收养的寄儿子求独立。

中国是一个大一统的民族和国家，这与西方不同。西方如荷兰、比利时、西班牙、葡萄牙、英格兰、爱尔兰，他们要分割得一小块一小块，才肯甘心罢休。我们中国，倘使把历史切断，把疆域分裂，中国人还是中国人，心和性不能立刻变。刚才我一路讲来，刺激、反应、经验，都直从人的心性深处讲。心性人各不同，第一天从母亲肚子一声哭下地来，不断地受外面刺激而里面生反应，慢慢地认识这是父亲、是母亲，这是我的家。人各如此，年龄大了，说要调换我另作别一人，岂非天下奇谈。人生由积累而来，文化亦由积累而来，不断刺激反应，积成经验，而后存在有他这一个人。我们自可学得别人家一点知识，但不能把别人家心来换成我的心。

美国人当时独立，诸位应读美国历史，了解当时美国人的心。他们有他们的历史和他们的心，我们不能学。现在医学上有一种换心术，但最近报上又很少讲了，大概没有得到满意的成绩吧。这只是换一个血肉之心，这是医学上的事，如何能把一个人，一辈子继续积累下来的经验，一个民族几千年积累下来的文化，换一换，这事恐不易。

台湾同胞又各有台湾同胞的明天。五千年历史到今天，台湾人就是中国人，一刀两断，不承认，要独立自成一国，把我们祖宗积累下来几千年血统和几千年文化全部勾销，但这决不是开新。今天我的题目是讲"积累与开新"，正因中国人最能开新，所以能五千年到今天。西方人容易走上一条停滞的路，迟钝下来，下边没有新花样，所以他们的历史多转换，少开新，变化是有，但不就是进步，这层须细辨。

六

倘使今天我们台湾独立，真是开了一个新，我请问明天的台湾，要不要有学校教育来教小孩子，还是教读中国文，还是教读日本文、英文？还是学荷兰人跑到台湾来创罗马字拼音？第一个教育问题就是个大问题。我们要开新，不是说今天换一面旗，换几个做官人，就可一路下去。岂不是完全为西方人几个字迷了，觉得"独立"二字很光荣。当知我们中国的历史文化，是一种广大深厚的"积累"。孙中山先生讲尧、舜、禹、汤、文、武、周公，一路积来，才有我们今天。我们今天此地的当然又受了新刺激，下面就该有新反应，却不是模仿抄袭。

中国文化精神最伟大处，在能"调和"。广东、福建人讲话互相听不懂，气候还是有不同，地理当然又不同，但同是中国人。远到东北、西北，只要中国人碰在一块，都还是中国人。中国人最伟大的，就在能调和，不在能分裂。英国人建立了一个伟大的大英帝国，今天四分五裂，变成美国、澳洲、加拿大、南非人，各自独立。中国人跑进新疆土，还是旧传统。台湾经过了五十年日本统治，这五十年来的日本人极用心地做了一种隔离工作，要台湾人不再是中国人。到头显是不可能。

广东、福建人不仅到台湾，也到美国，到南洋各地，有好几千万人在外边。我也到过新加坡、马来亚、泰国，中国人还是中国人。台湾更是十分之十的保留了中国传统，今天要把台湾和中国隔离，这像仅是一政治问题。有人要说两个中国，明明是两国政府，两个政权，两种主义，可是同还是中国人，同此一文化传统。任何隔离，只是一暂时性。我们要认识中国人之所以为中国人者，重要乃在其文化上。别一文化中的人不知，他们来讲台湾独立，那也无可怪。

若使台湾果独立了，语言文字还是依然，姓名氏族还是依然，若说专为政治独立，有人存心利用，可不论，当知台湾人不能向中国人独立。怕是隔了一千年，也不能重新创造出一个台湾民族，独立的台湾人来。所以有人要说，台湾独立，结果只是使台湾变成"托管"。最易派来托管的，就是日本人，在背后支撑的就是美国人。但虽受了托，还是管不下。主要就在台湾人的血统里，既是有了几千年的文化传统，另一民族不易来管。管到最后，还是送回中国。到那时，高唱独立的，岂不可耻可笑？极幼稚、极荒唐。哪能和郑成功、唐景崧相比。打开天窗说亮话，那些人，仍不过是近百年来的中国人想法，要把中国文化切断，来跟着外国跑。当知近代这一百年来的中国人，正和今天闹台湾独立一样，同是可耻可笑，同是幼稚荒唐。近百年来的中国人，只在想把自己丢在一旁，模仿抄袭外国，而认为是新时代的摩登的新潮流新运动，而他们则自居为是领导此一运动之新人物。所以我们中华民国六十年来，成为如此般的情形。毛泽东要学列宁、史太林，不晓得他学不成。今天台独分子要学美国华盛顿，这和我们一百年来大批的知识分子、大批的青年们的思想理论，同在要引导大家走上一条错路。我们也不必专怪着他们。最近蒋公起来提倡复兴文化，这是我们以下的百年大计，千年大计，我们每一个人都要有责任来研究"怎样复兴之道"。我们这一文化的潜在力量，将终于不可抗。若我们今天嘴里讲我是一个中国人，心里也明明想我是一个中国人，而我们的知识理想则都想学外国，谓他人父已要不得，何况是谓他人我呢？

我们要开新，要开出今天以后的新中国，但同时也不能忘旧，忘了昨天的中国。我要做一个新时代的中国人，同时也要了解旧时代的中国人究是怎么一个样子。这里需要一种极大的学问。将来有人能来发扬其义，讲到大家明白我们中国人之"所以为中国人者"，究在哪里，那么这个人便是将来中国的大圣人。我们若要开新，要由这样一个人来讲。至于遇到了新刺激，如何来作新反应，那犹是第二义。

附录　讲辞大纲

宇宙万象莫不由外面四围之刺戟而产生内部本身之反应，云行水流，自然现象如此。

草木经秋黄落，春来重发。

动物有冬蛰，有随时令季节而迁徙。

人生亦莫不然。

人类文化乃由外面不断有"刺戟"有"挑战"，而需不断有"反应"与"对付"。

但到某一阶段，刺戟挑战与反应对付皆陷入停滞状态，即陷入一固定之境，只是反复，而无变化，文化即不再前进。

对外之反应与对付，乃求内部自身之满足，但满足即停滞不再有进步。

故人类文化须求不断有新刺戟，须求不再于旧反应上得满足，乃可有新反应。

经受外来刺戟挑战，最复杂、再多变，莫过于中国。

一　天时气候方面

中国虽在北温带，但北自蒙古高原沙漠地带，南下经黄河、长江到珠江、闽江、澜沧江等亚热地带，种种刺激与挑战各不同。

欧洲人如希腊、罗马只限于南方某一气候中，英、法、德诸邦，又在另一气候中，苏维埃又在另一气候中。

合而论之，欧洲亦如一中国，但欧洲各别成国。分而言之，其所受之刺戟与挑战皆极简单，易陷入停滞状态中。

二　地理山川方面

亦如天时气候，中国是一个大一统的广土大国。

希腊只在一半岛上。

罗马开始只是一罗马城，继之扩大在意大利半岛上。

罗马帝国向外之征服地，又当别论，不得认为是罗马之本国。

近代欧洲之所谓现代国家如英、法、德、意诸邦，大者仅能如中国四川一省；又如荷兰、比利时、西班牙、葡萄牙等，小者仅能如中国江、浙等省，并还有不如者。

国家疆土以其所受地面上之刺戟与挑战，自属狭小有限，易于使人有固执与满足之感。

多瑙河、莱茵河哪能与中国长江大河相比。

阿尔比斯山哪能与中国太行山与南岭山脉相比。

欧洲人又各自封闭于其狭小疆域之内，支离破碎之心胸，终于牢不可破。

三　人事历史方面

远的不论，以近于两三千年内者论之。

希腊亡了，它的历史断了，罗马人凭空突起，并不是接受了希腊历史而起。

罗马亡了，它的历史亦中断了；中古时期而下，又是凭空突起，并不是接受罗马历史而起。

现代国家，又是凭空而起，并不是直承中古时期之历史而起。

读西洋史，自希腊而下也有二千到三千年，但时断时起，不是一部历史，乃是多部历史拼凑而成。

英、法历史最多不得到一千年。

德、意历史最多不得到两百年，苏维埃不到一百年。

历史短，即是经验浅。

无经验，即是无积累。

他们的人文知识，较之中国，只在浮薄的外皮上。

因其无经验，所以不能接受历史教训。

他们的帝国主义，乃受罗马历史影响，但没有真受到罗马帝国崩溃之教训，英、法诸邦之帝国主义也终于崩溃。

目前的欧洲，小国寡民的民主政治，乃受希腊历史之影响，但亦不能真受希腊史之教训。如最近的"共同市场"，英国欲求加入，其势甚难，屡经波折，恐尚不能实现。

天、地、人三方面之刺戟与经验，始终是狭小与浅薄。

他们的文化是难积累的。过路拆桥，断而不续。

今天的美国与苏维埃，即是其兴也骤；到底仍会其亡也速。

西方历史与文化，一言以蔽之，非由累积，乃由改变与转换，故成为多变的。但不能说是进步的。

若说是进步的，乃是无生命的，或说是短命的，是借尸还魂的。

是一种接枝，或是一种变种。如桃树根上接李树开李花。

他们之开新，乃是扫除了旧的，另起一番新的。

乃是一种无积累之开新。因此根基浅薄，靠不住，将全成为短命的。

中国历史既积累又开新。

春秋战国以后，有秦汉之大一统之开新。

三国两晋南北朝之后，有隋唐之大一统之开新。

五代十国以后，有宋代一统之开新。

辽金元之后，有明代大一统之开新。

满洲入关以后，又有中华民国之开新。

蒙古满洲虽由异族入主，但中国仍是"中国人之中国"此一老树根柢深稳。所以不断开新花、结新果。

仍在积累，所以仍有开新。

近代的中国人不懂自己的文化与历史，误以欧洲人之文化观与历史观来妄自测度，或妄自推论，此下之中国结果则自走绝路。

自认为是新思想，实是随便拾来的不通的思想。

如大陆中共误欲推翻中国五千年传统文化，误谓中国可以开一共产新局，其最先无疑的误学苏联，故有马、恩、列、史、毛之传统观，有一面倒之立国妄想。

此是要把中国历史横腰斩断，而不知其断无可能。

又如目前台湾同胞中之妄想台湾"独立"，此是更把中国作支解运动，此是想学美国独立而不知其断无可能。

大量的广东潮州人、客家人、福建漳州人、闽南人，都由中国北方移入，此有中国历史、中国广东、福建各地方志及各家家谱可证。

但从来没有闹广东独立、福建独立运动。正如大量云南人由北方移入，没有闹云南独立；及大量东北人由大陆移入，亦从未闹东北独立一样。

自有日本人在后操纵，乃有伪满洲国之独立。

今天的台湾独立正如伪满洲国独立一样，前车可鉴。

台湾闹过独立运动，郑成功即是，唐景崧继之，今天的国民政府亦是，何以又要来台湾独立？

要把中国历史接上西洋史，把中国文化接上西洋文化，把中国人全变作西洋人，把中国人心都变成西洋人心，那是一种人工的"换心"运动。

医学上尚未成功，更不论整体的文化与历史如何变换得。

有积累，才有开新。

毁废一切积累，此是彻底破坏、彻底消灭，哪里是开新？

中国历史文化因有广大的、深厚的累积，才能有不断的开新。

其中最要关键，在能从积累中有调和。

广东人、福建人都已调和成为中国人。

虽移入新疆土，但仍是旧传统。

今日的台湾人在调和过程中，曾有日治时代五十年之隔离。

但日本根本接不上中国传统，日本人不能调和为中国人。

台湾人在日治时代也不能调和为日本人。

广东、福建人移民海外到美国、到南洋，也至今未成为美国人、南洋人，而仍有其中国传统。

今天的台湾人也同样仍是中国人。

若要把台湾和中国隔离，废止汉字汉文，废止中国历史，则台湾变成全世界联合国以内联合国以外任何民族中最无历史的、文化最短暂的、最浅薄的一民族，将来如何能独立有成？

最多必成一"托管地"，但到中国大陆重见光明，此托管地仍必回归祖国，此一独立运动，乃是人类历史上最可笑最可耻的一段。

十一　文化中的精粹与渣滓

今天的讲题，是"文化中的精粹与渣滓"。

在清代末年，有一本很有名的杂志，名为《国粹学报》。里面特别讲我们明代末年很多遗民，他们不服从清朝，不在清朝朝廷做官，他们中有好多极负盛名的大师学者，他们民族思想极浓厚。《国粹学报》里，就介绍了这许多人的思想学术，在当时影响非常大。诸位不要认为"辛亥革命"完全是受了美国华盛顿独立，和法国革命的所谓新思想、新潮流。这些影响，实在仅是一部分。大部分影响我们国内当时一般知识分子的，却是这份杂志的力量大。他们是在复兴我们的"民族思想"。后来到了民国新文化运动起来，看不起中国旧的，全部要学西方，要新思想、新潮流，那时他们最看不起"国粹"二字，他们来换一个名称叫"国渣"，说这些都是中国的渣滓，不能说是国粹。在这两个相反的意见下，有人提出另外一个名称叫"国故"。说这许多都是我们国家的老东西、旧东西，也不称它是渣滓，也不称它是精粹。我们要在这些老东西里再作研究，究竟有没有精粹？我今天的题目，就是借用这"国粹""国渣""国故"三名词,再来申说。

每一个国家的文化,定有它的"精粹"可以保留,我们该慎重地来看重这些国粹,把它发扬光大。同时也定有很多经过了时代锻炼以后变成了渣滓。不仅中国,世界各民族各文化,都有它的精华,也都有它的渣滓。我们该来研究,甚么样的才是渣滓,该去,精粹该留。任何一个国家民族,都要有一批有知识人,来辨别来指导,使得这个国家民族的文化可以不断向上,不断开展,这要有一批文化的导师来指点,来领导。

我们说,文化就等于生命,拿个人的生命来讲,有呼吸,有饮食,一呼一吸,吸进新鲜空气,促进我们身体里的血液循环,一面再呼出一些不要的肮脏渣滓。如吃东西,吃下去的定有一部分消化了,来营养我们的身体;可是另一部分,要排泄掉,这叫新陈代谢。我们每一人的生命,就靠这个新陈代谢来维持,来生长。所以我们这身体内,同时就有精华、有渣滓。但我们另从一点讲,一个人的呼吸饮食,也只能有适量的营养。恰如其量的营养,我们是要的。若使我们吃得太多,营养太丰富,留在我们身体里,反而要变成病。脂肪吃得太多,血管慢慢老化,也会出毛病。吃的太好,肥鱼大肉,我们认为是营养,只太多了,结果也会发生病。

但我们呼吸、饮食、消化、营养,都能恰如其分,身体健康,到后来还是要衰、要老、要死。待他死了,他的全部身体都变成渣滓。这是天地的大自然，我们无法逃避，无法违抗。今天我们用尽聪明力量来保留这条生命，而这条生命终于是非毁灭不可。那么我们究该怎么办？我在此提出一句话说，这是"人死"问题。人死问题是在"人生"问题中一个最大的问题。我们讲人生问题，最大的争点，就在解决人死问题上。人生问题到最后，定会变成人死问题，于是遂有很多的大宗教。如耶稣教说，人有肉体，有灵魂，肉体最后会没有，所以要不得，但还有灵魂，将来可以上天堂，那才是人生最后目标，最后归宿。大体上，一切宗教，也都在这样说。如佛教，讲涅槃，讲轮回，轮回永远不断，转成一大苦海，我们要超出这个苦海，到达涅槃境界，然后再没有轮回。耶教、佛教，正为人类一定要死，才发明出这种种理论来，可是这种种理论，照今天讲来，有些不科学，不能叫人信。有没有天堂呢？天堂存在，由何处来证明？至于说轮回，又从哪里来证明呢？所以佛教、耶教想把人死问题来指导我们人生问题的，慢慢会失掉他们的作用。

我且讲我们中国人讲法。《老子》书里有两句话，他说："人之大患，在我有身，及我无身，复有何患。"一切人生问题，都从我有这个身体起，但是不要害怕，这个身体总会没有，到我没有这身体了，问题不成为问题，我还有什么忧患呢？老子这番话，极简单，但极明白。可是照他这样讲，岂不把人生问题一笔勾消了。但人死以前，明明有问题。人死以后，亦还有问题。老子这番话，却变成为狡辩。以后道家转出一种长生之学，要不死，讲求作神仙，这就没有老子讲得高。但道家讲长生，叫做"形解销化"之术，即是要把我们的身体，解散销释，然后才能长生。所以道家说：炼精化气，炼气化神，这就要脱离了身体，神游大自然中，不再消灭。所以人之仙去，同时即是死去，留一个尸体在那里，而他的神则已从尸体里脱化而去，跑开了。形是万不可留，若连我们的神都没有了，那岂不一起完了。我们要"离形而全神"，这是中国道家的长生术。

我们也可说中国道家是要脱离了这个物质界，而跑入一个精神界。物质是渣滓，必得去掉，而在物质中提炼出的精神则可保留。这是中国道家长生术的一种信念。今天科学医学发展，道家的长生说，也不受我们的信仰了。而儒家呢？中国思想中最重要的当然是儒家。由孔子一路下来，儒家讲人生，似乎最平淡，只就普通常识讲，只要夫妇婚配生男育女，那么儿女还保留着这生命。不孝有三，无后为大。父传子，子传孙，一代代传下，人生就不会断。只要人生不灭，自可再希望文化不灭。由现代科学讲，将来人可以普通活到一百岁，甚或可以活到两百岁，也只仅此而止。然而人口太多，老人不死，年轻人难安排。今天我们只活到六十七十便要退休，俾得起用年轻人。但又要人活到一百两百岁，若尽把退休年龄向后加长，岂不也是一问题。儒家只说父传子，子传孙，这话虽简单，不失为一番平实中庸之道。骤然听来，不如耶教，不如佛教，不如老子和道家，也不如今天的科学家，因是太简单，太平实了。但在简单平实之中也有道理。

我试再代为解释。人之有死，是一自然，我们要在自然中间建立起我们的文化。我上面曾说过，中国文化传统主要在家庭，把个人生命变成为家庭生命，这是中国文化要义之一。今天我们只讲个人主义，否则讲社会主义，但中国古人却讲的是"家庭主义"。扩大则为"家族主义"。父母把子女当作他自己看，这是"慈"。子女也把父母生命当作他自己生命看，这是"孝"。这样的家庭，中间就有极深的文化意义。如老狗生小狗，老猫生小猫，只是"自然"，没有家庭。讲到家庭，也可说已不是自然，而转入"人文"了。中国人讲家庭，必讲父慈子孝；西方人儿子生下，便教他独立自由。中国人是由个人来组成家庭；西方人要在家庭中成全个人。双方意趣不同，这就见文化不同。现在我们则都讲西方道理，父慈子孝不再讲，但也没有真学到西方的个人。

男女交媾，受胎生育，这亦是自然，猫狗动植物都如此。但中国人讲家庭，必要讲慈孝之道，又要讲一番夫妇之道。今天只看重个人。夫妇只是自由恋爱，生男育女，各自跑进社会，寻求职业，把中间家庭一项全忽了。一讲到家庭，只争大家庭与小家庭，却不重一个家的传统。中国古人则主要在讲传家。如说，耕读传家，诗礼传家等。今天则父母是个家，子女另是一个家，不是不要家，只求此家之小，又不要传。中国人又说积德传家，积善日昌。这个"传"与"积"，却是我们的文化精华。不从个人说，乃从家庭说，传家不是传房子与田地。各人身体都保不住，一所房子，几亩田地，哪值得传？房屋田地之外，又有黄金宝玉。但是这些东西也都传不下，这些全是渣滓，连人的身体也都是渣滓，那又如何传。中国人说传家，不从物质方面讲，这层大可注意。

《老子》书里又说："金玉满堂，莫之能守，富贵而骄，自贻其咎。"在中国，也从没有一个大富之家，三百年五百年传下。大贵之家，做到皇帝已达颠峰，但也传不到三四百年。汉、唐、明、清都没有了。中国人最重传家，如孔子家，自孔子以下七十几代直传到今天。其他中国人，全有一个家。如在台湾，你问他，祖先第几代从福建来抑或从广东来，都有一个家统，中国人称之曰"家谱"。家谱上记得一清二楚，都有两千三千年的家史。现在我们又只讲人口，说中国有七亿人，这也是学了外国，中国古人不单讲人口，却讲户口。同时要讲有几个家。总说则有"百家姓"，我说这是中国文化精华。

我在这讲演中的第一次，就说中国文化重在修身齐家。这个家，不仅是家庭，还要讲家族，家族要求能传下。传家不是传财富，传田宅。中国古人又说："高明之家，鬼瞰其室。"诸位不要说，这是一句不科学的话。家屋太高大，下面要出毛病，好像常有鬼在那里窥探。这是一句经验之谈，这是人文科学。中国的家庭，有家训，有家教，有家风，不止是一个血统相传。父慈子孝，这里面有人文精华。中国人说许多道理，都从那里来。中国古人又说，"人伦之道，始于夫妇"。夫妇结合，就该有一番大道理，不是仅讲恋爱，仅属个人。这些只是一自然。夫妇之道的里面，自然也包有爱，而爱之中与爱之上，还要有一番道义。中国人由于此番道义而由家成族。再下去，有乡党邻里，这里也要有道义，要孝、友、睦、姻、任、恤，有危险要相扶助，和气致祥，乖气致戾。要使每一个乡党都成为一团和气，这也是个精华。

物质方面，中国人比较看得轻。我常喜读唐代田园诗人的诗，如说"绿树村边合，青山郭外斜"。中国人只把大自然来美化我们的乡，把绿树青山来美化了人生，美化了环境。从这些田园诗人中所歌咏的乡村田园，觉得我们人在此环境中，真是别有天地，这又是个精华。此乃天地精华所在，而为我们人生所吸收。我们人生当知有两方面，一方面是外边的"自然美"，就如绿树青山；一方面是我们的"内在美"，就是人伦道义，如孝、友、睦、姻、任、恤。我们人在这样的环境里，就会开心满足，这样的人生才传得下。至于物质条件是不这么重要的，只要过得去就够。

再说到庙宇，说到中国的庙宇，就要想到孔子庙。全中国每一县都有孔子庙，都不很大，都不要化很多钱，不重在物质上，只重在精神。再说到中国的坟墓，也很简单。孔子死了，孔子的七十二弟子，鲁、卫、齐、宋各国皆有，有的很像样，他们不是没有钱，然而他们只在孔子坟上各人栽一树，直到今天，这是中国有名的曲阜孔林。林木却可以几十百年一路传下，郁郁葱葱，生气常在。中国人葬父母，定要看风水。诸位又会笑其不科学。但风水又称舆地。选择一个坟墓，要看风看水，水要能流，风要能动。一个坟墓，要挑一个很好的有风有水水流风动的地理环境。择坟墓也如择家宅，绿树村边合，青山郭外斜，不也是好风水吗？

又如中国人讲究教育，从前有书院，唐宋时代在江西庐山，有一个白鹿洞书院，朱子在那里曾请过陆象山来讲过学，到今天这个书院遗址还在，只剩几所破屋而已。但若我们一到此地，便可深深感到其山川景色，风水之好。物质建设虽是不太讲究。但朱夫子、象山一番讲学精神则还在。

我曾去过英国牛津、剑桥大学，它们的历史，也和我们庐山白鹿洞书院历史差不太远。但他们却极看重物质建筑，古老的式样全保留着，墙壁都是石砌。我去那时，正值英女王要访牛津，他们不得不把房子粉刷一下。他们特地领我去看那些大石墙，几百年传下，他们只把外皮薄薄剥掉一层，而那些外皮也都已变成了粉，只轻轻用手一摩抚，那石粉就会掉下。诸位总说中国人守旧，试看他们，岂不比我们还要守旧得多？近千年的房屋建筑，都好好保留在那里。但那些只是物质的，中国人要在物质以外，保留下一些精神。因这是"精粹"所在。双方用心有别，所以文化传统便各异其致。

再讲到佛寺，我且在唐诗里再选两句，"曲径通幽处，禅房花木深"。即现在一普通家庭，也能修一条曲径，栽些杜鹃山茶，有天趣，有生意。唐代佛教之盛，而诗人笔下所咏之禅房，也复不过如此。若以较之西欧到处的教堂，风格自判。尤其如罗马教廷，更不得不震惊于其建筑之伟大。然而太看重了外面物质条件，天趣生意，都不免损失了。

马克斯的唯物史观，分出奴隶社会、封建社会、资本主义社会、共产主义社会的几层，那些亦全从物质上着眼。若论我们中国的社会，我则谓只可称之曰"人文社会"，没有此许多奴隶社会、封建社会、资本主义社会与共产主义社会之分别。马克斯的分别，都注重在生产方式上。今天我们大家看重讲生产、讲经济、讲财富，其实简单讲一句，最后都会成渣滓。中国人的社会，只是修身齐家，只是孝友睦姻任恤。诸位莫说我们为这样，所以物质条件不长进，但若我做一个和尚，我情愿住进中国寺庙，曲径通幽处，禅房花木深。却不愿住进西方大教堂，峻墙雕宇，满眼石刻，硬绷绷阴森森地。若我是一农人，我也喜欢住在绿树村边合，青山郭外斜的中国农村，却不愿住进西方中古时期贵族大地主的堡垒里去。

说到西方中古时期的堡垒，意大利、法国、英国，我曾亲去看过一些。特别在罗马，有一个堡垒，我从中午看起，整整看了一半天。想象那时的贵族，住在这样的堡垒里，如何般的生活。且不要和我们东晋南朝以及隋唐时代的大门阀的生活相比，即如《水浒传》里史家庄、祝家庄之类的土豪地主，物质条件当然差远了，但亦还有些生机和天趣，不像他们如此严密的把自己封闭起来。到今天，他们那些贵族是全没有了，但他们那时的堡垒还到处保留着，供我们凭吊。他们的坟墓，多在教堂里，并不很看重。却不如看埃及的金字塔、木乃伊般，这些也都直传到今天。但古埃及的文化，乃及埃及人则都没有传下了。所以我说：他们的渣滓都留存了，而精华则丧失了。

中国从古到今，没有像他们般的伟大建筑传下，只有万里长城，但实说不上建筑，只是一道国防工事，所谓足以防马足而止。这因国家伟大，疆宇辽阔，直从辽东到甘肃、宁夏，这一道防线，只见国家规模的伟大，不是长城建筑的伟大。其他像秦代的阿房宫，汉代的未央宫之类，消失得全无痕迹。在我们，可说为把渣滓尽丢了，而精神却保留，所以有偌大疆土七亿人口到今天，这不是一种精神。是什么呢？

诸位当知，任何一种物质建设，力量用得过分，太伟大了，这个物质就会回头来压在原来的自然状态之上，好像征服了自然。西方人好讲征服自然，他们的物质建设，也真是能征服自然了。如看金字塔，即是一个不自然。其他可一例而推。都是顽强地站立在那里征服自然。然而人生也就是自然，把物质建设来征服自然，同时不免就征服了人生。使人透不过气，回不转身来。我上面已说过，天趣已灭，生意已绝，那一种的文化，就快要堕落。若使诸位今天发了大财，用三百万五百万美金造一所大房子，传你子孙，子孙不好，不用讲，好的子孙，住在这所三百万五百万美金的大房子里，也会没有出头日子，因人给房子征服了。从前罗马天主教初起，只在地下活动，没有一堵墙壁，没有一所房子，但耶教愈传愈畅，精神愈困愈旺。一旦出头露面，教堂遍地兴起，然而这些教堂之兴起与保存，教士们的精神已都在那上面用尽，更没有了。后来的教士们，不用丝毫力，走进教堂，而教堂则太伟大了，把他们压迫得透不过气，翻不过身，宗教精神便渐渐地消失了。所以物质文化进展到某一阶段，便不能再进。不仅古代埃及、罗马如此，直到近代英、法诸国也如此。今天的美国，不免也要如此。如纽约市的那些摩天大厦，岂不也是在征服自然吗？但自然征服了，在自然里面的人生同时被征服。到那时，人类文化就无生气。生气断了，窒息了，呼吸也没有了。城市吞灭了乡村，乡村萎枯了，再不会生长大城市。今天日本东京后来居上，想要胜过了纽约。但到那时，城市中就会没有了天地，举头看不见太阳和月亮，低头看不见青草和绿树，所见只是人和地、车辆和房屋。更可怕的，现在已警觉到的污染问题，天地给人污染，天地也不再是自然，空气、水、阳光都受污染，鸟、兽、虫、鱼也将不得生存，便何况于人类？

今天的世界，正在走上这条路。一代代下去，人厌倦了，会想逃避。青年们做嬉痞，便是其先兆，但也没有办法。而我们今天则又不得不跟着西方人走，我们穷，要凭物质科学追上去。我告诉诸位，我们今天同时也需要有几个文化的设计人，与文化导师，来指点我们，领导我们。渣滓得尽量丢弃，精华得尽量保留。是不是呢？难道从前我们有办法，今天我们便就没有办法吗？凭我们中国人的头脑，在今天这个世界里，如何般丢尽渣滓，保留精华，这须自有指点，自有领导。但我们今天都只是一眼睛看在别人家的物质上，心意太专一了，又如何会有办法呢？

我告诉诸位，小民族往往爱大摆设。从古代埃及、希腊、罗马，直到近代的英、法，当前的美国，都是。小地域人要外面炫耀。大民族则往往只要小摆设。如我们中国人，不是不懂艺术。诸位只去看故宫博物院，一口钟，一只鼎，一个瓶子，一只杯子，精巧绝伦，但都只是些小摆设。论其价值，或许一件瓷器还在西方人几十层洋楼之上。中国人居住在大地面上，却要内里蕴藏。一个几百万大家私的人，跑出去，衣服反而要穿破些，不让人家注意。没有钱，赶快换一身新衣服作掩护。中国天太高，地太厚，中国人居其间，样样事情要蕴藏，要涵蓄。西方人天小地浅，样样事情要开放，要暴露。但暴露也并不是只要新不要旧。美国支加哥大学，规模大，历史短，房屋太新，是其一缺点，于是把新屋全粉刷如旧房子。又如耶鲁大学，只在百年前后大造新屋，但要模仿英国牛津、剑桥石墙高耸，里边走廊跑道，全得开电灯。不造近代漂亮建筑，要旧的，这也是一种暴露，一种炫耀，但总是看重在物质上。物质总会成渣滓。

中国人有一句话说："人惟求旧，物惟求新。"物质总是不能旧，但人则要旧。要在此世界上找旧人，莫如中国，乃是四千年传下的旧人。西方人乃一反其道，物要旧，人要新，总在物质上筹谋千年大计。中国爱说老成人，西方喜欢新人物。一面是人要老，物要新；一面是人要新，物要老。两面一比，试问究竟是哪一面看准了人类文化中哪些是精华，哪些必然成渣滓？

中国人也想有传世之物，如现在故宫博物院所藏，多有三千年以上的。上面刻着字，总说子孙永保用，要传，还要用，这是中国人想法。人生百年总要死，东西可让儿子用；儿子也要死，那些东西还可永世留传。故宫博物院所藏，几乎都是家常实用品为主。若金字塔、木乃伊，试问作何用？希腊把人像雕在石上，中国把人像画在纸上。

西方纪念人用铜像，中国纪念人用木主。西方人总在物质上作长久之计，中国人则不作此想。又如希腊雕人像，裸体曲线，穷形尽相都雕上。中国人只用几条线条，存其髣髴。作画则有所谓颊上三毫，拿来表示画中人的神态。

中国古人说："人生有三不朽，立德、立功、立言。"最现实，又像最空洞，所以中国人好名，名也可以传，所以说"豹死留皮，人死留名"。名另有一涵义，如我有个儿子，叫我作父亲，这一名，是孔子"必也正名"之"名"。至少每一人可以留给各自的儿子。圣人、贤人、君子、善人也是名。所以说："君子病没世而名不称。"我们为人父母，也就留了名。当子女回念父母，生前如何般照顾教育栽培于我，则名之外还有功德同其不朽。此番道理，既亲切，又平常，人人有分，人人可信。诸位试想，人生还有什么比这更可不朽的？自然固要我死，上帝也何尝不要我死，但死后在下一代人的心里，还存有一名。五伦各有一名。有其名，必当有其实。如父慈子孝，君仁臣敬，立德立功相因而起。发挥此种道理的便成"传世之言"。中国人在人生必作渣滓之中，找出这些精粹，凡人具此人生，即具此精粹。此已非一自然，而只存在于人文中，亦不待上帝主宰，而由我自己把握。

今天的我们，则再不这样想。如家谱，如祖宗牌位，一切都丢弃不再留。父母为子女只想出路，可以赚钱，过好生活。子女则更不为父母想。大而言之，不过要我们也像西方般，能成一资本主义的社会。大家美衣美食，为此新社会中之新人，此外都可不问。但我们能不能在此中还保留一些中国文化传统中的精华，使"自然"和"道义"结合，建立一个理想的人文社会呢？言其物质生命，既不饿死，也不冻死，固已无亏。言其精神生命，却能保有一些不与草木同腐，不与灰尘俱灭的，不更好吗？只要我们懂得有此问题，有人肯在此问题上边用思想，慢慢地并不是没有办法的。又如我们只看重一方面，只懂得有"个人"与"社会"，社会则只由经济法律来维持，来束缚。我们能不能在这里面再保留下我们的家庭，有夫妇，有子女，从此而有慈孝敬爱人生中种种的道义与德性，而来一个更理想的中国式的人文社会呢？昨夜有位朋友对我说，他不爱看电影，电影里是男盗女娼。他爱看平剧，平剧里是忠孝节义。他的话虽浅近，但可与我今天讲题有阐发，借此附及。

十二　文化的前瞻与回顾

一

今天的讲题是"文化的前瞻与回顾"。我们讲文化问题，还是应该向前看，或应该向后看，下面将加以讨论。我们要文化向前，继续有发扬进展，当然我们该向前看。但亦还得向后看。向前是明天，向后是昨天。或许诸位觉得人生重要在明天，但没有昨天，哪会有明天，明天正从昨天来。倘使没有了昨天，连今天也没有，明天也同样的没有。这是第一点。

第二点讲，我们的明天还是决定于我们的昨天。每人的昨天不同，所以明天也不同。从前有人说："以前种种譬如昨日死，以后种种譬如今日生。"这是说我们要能自己彻底的改造。把我昨日一切旧的都丢掉，重来一个明天的新我。这话当然也有意思，可是不能死看。这只是一个譬喻之辞。若昨日之我，一切死去，明日之我，又从何来？拿身体来讲，今明天种种活动、努力，要靠身体健康，但健康是来自昨天的。一向来很健康，才能明天继续努力。若使昨日失掉了健康，有了病，还得先治昨天的病。医生看病，就是看你的昨天，不是看你的明天。问你病怎么来，所问的是昨天。我们到了有病，更该回头来看我们的昨天。不能说昨日之我病了，我不要，我希望来个明天，这是太不切实际的空想。我们今天确是犯了病，又是大病。不然，我们哪会到这里来。今天要讲文化复兴，要改革旧的进向新的，那么更该回头来看我们的昨天。

昨天是我们的记忆，明天是我们的希望。一个人也可无所想望，但不能全无记忆，失掉记忆最是一大病。此人还有什么希望呢？我们也可说，记忆即是经验，有了经验，才有记忆。而希望则是理想，理想也一定要从经验中来。根据经验，才能生出理想。不根据经验，或全无经验，则只有幻想、空想，不成为理想。所以我们必要看重我们自己从前的经验和记忆。昨天的清清楚楚，才有明天可望。

再说，我们把过去旧的留在脑子里，或许会说我们是保守，我们要一意向前，不问昨日问明日，才得称为进取。今天大家都要讲进取，不肯讲保守。但进取是取你之所未有，保守是保你之所已有。所以进取尚在空虚渺茫中，而保守则是具体的真实。时间无限，空间无限，万物无尽，万变无常，人生处其中，试问向何处捉摸。诸位不要认为我们有一个明天，明天去了还有明天。但此一明天，便在此时间无限，空间无限，万物无尽，万变无常之中，实在太虚空、太渺茫。明天究将是什么呢？谁也不能知。我们只能说明天的我们有一个可能，这一个可能便是我们可理想的前途，然而也不是要这样就这样，要那样就那样，天地间绝无这会事。但也不是什么都要不得，在这个无限时空，不断无常万变中，我自可有一个可能。若要真懂得我自己这一个可能，就先要懂得我自己的以往，即昨天。

中国有句俗话说，"留得青山在，不怕没柴烧"。有了青山，我要烧柴，尽到山上去樵。但我们人生中的青山又是什么呢？只有我之昨天，才是我之青山。昨日之旧我，这是我的一个生命。有了生命在，不怕无可能。昨日之我正如一青山，明日之我是待我到山上去樵来的一些柴。若诸位只想要柴，却忘了那青山，请问向何处去樵？我们不要太着重在明天，而忘掉了昨天，昨天才是千真万确的为我所有。虽是旧，但我只能有此旧。新的还未来，只能从旧生新，却不能无中生有。

我们从生入世，一路到今天，其中一切经过，只我自知，别人不知，这是一个我的真实，也是一个真实的我。明天如何？我不知，但自会从我一切昨日的真实处发展出来，而成一个新的我。但亦只是在旧的我上装新，没有了旧，成一虚假，何来有新。所以我们要回头，要保留我们的旧，才能向前，期望我们的新。我要看前面一切新的，先要回头来记取我一切旧的。病在身上，病可不要，身不可不要。而且病亦是一个千真万确的事，我要能记得、能知道，下面才有办法，还可有新的来。大自然生人，必从有知识起，有记忆起。小孩时记性最坚强，能记，不会忘，才有下面。所以人生重要在记忆，能知而不能记，等于无知。

二

中国从前教育制度，注重在教小孩记忆。读书教背诵，到后一辈子不会忘。年龄愈大，记忆愈多，才有悟性，从前所记得的都明白起来。也可说，小学时，多数只有记性。到了中学时，慢慢有悟性。进了大学，记性越丰富，悟性越发展。到了中年出来做事，碰到更多新事情，要靠我们悟性来应付。悟性哪里来，都从记性里边来。如诸位在此听我讲话，我的每一句话，诸位都听着，但所明白的不必同，这是悟的不同。悟的不同，则由记的不同来。年龄大了，记性先衰。有人说，老年人记忆是衰了，悟性是增强了。我颇不信这个话。先有记性，再有悟性。记性衰了，悟性还在。相形之下，好像是增了悟性，其实不然。到后来，记性一路的淡，连悟性也淡了。记性完全没有，那就是生命结束。没有记忆，何处还有生命。没有生命，怎么还有悟性？记性衰，悟性也跟着衰，这是我们生命在走下坡路。那么要待新的人起来，又是一番记性，再有一番悟性。所以我们教小孩，只该教他记，不要教他悟。要让他自己悟，始是真悟。读书能背诵，往事能记忆，到了某一阶段，他的悟性就自己来。悟是他自己的，从他自己心里悟出。

我们只说：现在时代变了，大家喜欢讲新，说旧的不能要了。如说现在是工商社会，不是农业社会了，现在是原子电子时代，不是从前铜器铁器时代了。现在是我们人跑上月球的时代了。认为时代变，从前旧的都要不得。但诸位要知道，时代变了，历史并不变。中国有中国的一套历史，外国各有外国的一套历史。我们今天只讲时代变，却没有讲历史不变，我觉得是讲偏了。从前我是一中学生，现在我是一大学生，也是时代变了，但是我有我的一路来的一套历史则没有变。出了大学，在社会上做事，我的时代又变了，但还是我这个人，我的已往这段历史一路下来没有变。所以人生各有前途，不能相同。每一个人的前途不同，决定在每一人已往的历史不同。每一人的历史，就是他的经验。

但我并不是来讲一套命定主义。今天这样，明天并不即就是这样。明天的历史，是旧上加新，既不是有了旧不再有新，也不是要有新便不能有旧。历史常在变，可是变中有旧，变来变去，变不了我这个昨天。昨天的我并不能决定明天的我，这是对的。因明天必有变。但我们可以说，明天之我决然还是这一个我，而并不能变成一个不是我。明天尽可能有变，但千真万确的昨天则不能变。所以说时代可变，而历史不变。又有人说，今天的我们，都得要提倡变，也不用害怕。我是一个中国人，尽变也变不了我还是个中国人。所以我们可以不要管昨天，尽放心争取明天之变，好在变到最后还是一个我，还是有我的昨天。这只是说只讲时代不要管历史，这只是一种诡辩。若使我们先承认了下一句，说无论如何变，总还是个我。变到最后，还是不失其为我，所以不用怕。若我们真承认了这句话，岂不成不变也罢！变也总还是这样。

我且换一个讲法，我们只能拿我来求变，不能拿变来求我。一切变，只能由我来变，先有了我才能变，不是变了才有我。那么今天的中国，也只能由我们中国人自己来变，要变成一个新中国，但只有从旧中国里面变出。不能由一个不是中国来变我们这个中国，不能把我们中国变成一个非中国，不是中国，或无中国。讲得再明白一点，只有孙中山先生能来变中国，华盛顿不能。孙中山先生当时所提倡的三民主义，显然不即是华盛顿当时在美国所提倡的独立与自由。诸位若承认这句话，再来批评我们当前社会一切的思想言论与行为，诸位自可想象，我所要批评的在哪里。

三

我们也可说，当前这个世界，只能由我们当前的世界人来变，连上帝也没有办法，所以中国传统文化里没有宗教。因中国人不信能在这个世界人类之外，另来一个超人，超出乎我们人类，而来改变我们的世界。纵使有之，也非我们人类所希望。所以说："人能弘道，非道弘人。"再说，这个世界，也只能变成一个新世界，只能使这个世界变新，但不能另来一个世界，如天堂之类，更不是我们这世界。我们可以不要天堂，但不能不要此世界。世界末日审判，全人类都上了天堂，或是下了地狱，此等只能说是一种宗教信仰，但不是人生真实的理想。若诸位承认我这番话，觉得对，我将继续讲三大问题。

第一，什么是我？这是我们一个最大的大问题。我是什么？如何是我？此问题，我们不能两眼只望前，便把此问题落空了。我们先得明白如何是我。"我"是先已存在了的。第一要唤醒我们一切的记忆，始能在一切记忆中再觉悟，我原来是这样的一个我。

第二，我们要懂得，如何是个中国？诸位不是大家爱中国吗，情愿把生命来贡献于国家。我们岂不更要知道，如何才是我们的中国？更重要的，我们如何才得算是一个中国人。要救中国，要改造中国，就得待中国人。如何才是一中国人？如说如何是我，这层同样地要解答。

第三，我们要懂得如何是一个人？中国人也是人。不明白得如何是人，怕也不易明白如何是中国人。

《中庸》上说："自诚明，自明诚。"自诚明是"天道"，自明诚是"人道"。怎么叫自诚明，我不是千真万确没有什么虚伪的一个我吗？我们先要有个"我"，千真万确地有这样一个我，这是"诚"。宇宙万物，有生无生，有知无知，都是一个"诚"。这里绝无虚伪。可是要在诚中生"明"，则只有人类能之。一头狗，不懂它自己是什么，要它具体地说给你听，它不能。它是诚而不明。人之伟大，在其诚之后有明。我们智慧的最高价值，就在能有此"明"。如我刚才所讲，如何是个我？如何是个中国人？如何是人？此三问题，同时是诚也是明。人类文化，则要由"明诚"，由我们的一切智慧所明白的结果，重又回到自然，回到此真实上。若说是要战胜自然，克服自然，这不是要由明来灭诚吗？所以我们只要回到"我之不失其为我"，"人之不失其为人"，"中国人之不失其为中国人"，才是由明诚。这里有一套极大的学问，我们千万不该忽略了这一套学问。连我自己也不知道如何才是我，如何才是个中国人，如何才是人，并此三大问题都不知道，而要来负担一个责任，要来改造自己、改造中国、改造人类，这岂不是讲的空话，要把人更超过了上帝吗？

四

我们是一个中国人，但同时要适应时代。时代变，我们也得变。但千变万化，不能变成不是一中国人。这是我要提醒诸位的，这是我们中国传统的文化理想、民族理想。

这也是个大存在，是一"诚"，我们不能否定。如像埃及人，他们到后来失掉其为埃及人之真实存在了。今天的埃及人，已不是历史上的埃及人。希腊、罗马也如此。既已失掉了他们已往的一切，由真实变成为虚无。更没有这一个民族与这一套精神。下边也就没有变，一切完了。

讲到这里，才知道我们第一重要之点就是我们的"历史"。一个民族的历史，就等于一个人的记忆。人不能失掉记忆，等于一个民族不能失掉了他们的历史。亡国先亡其历史，历史亡了，这个国家也快没有了。我们要破坏一个民族，先得破坏他们的历史。只要历史还在，纵在千辛万苦中，这民族还能奋斗、还能复兴。今天我们中国的最大病害，最大危险，就在我们对于自己以往的历史不看重，而慢慢地忘了，不知了，而我们又不自觉其是一件大事，这不仅是我们一个羞耻，乃是我们今天一个不治的大病。

当然中国历史也很难懂，因其有五千年之久，不像别的国家、别的民族，五百年以上能到一千年的并不多。当然要知道五千年的悠久历史是很难，然而我们又不能丢掉这部历史，则有赖于我们的教育。如何把我们自己的历史来教我们之后代，把我们的古老中国，旧中国，来教我们的现代中国；新中国的一切，要他们都能知，那实是难。但这不是守旧，更不是要复古。我们的教育宗旨，主要在能教我们后代如何还能是一个中国人。知道了旧的，才能教我们如何来做一个新的、现代的中国人。

今天我们的教育，或许我讲得过分一点，似乎把这个大目标失掉了，我们并不要教我们后代都学做一个中国人，而要教我们后代学做一个不是中国人；不是要教我们后代知道我们的旧的，乃是要我们后代知道别人家的新的。这是一件可怕的事。倘使我们真能学到做一个不是中国人，这还好。最可怕的，是我们将仍还是一个中国人，千真万确的只是一个中国人，还是此一诚，而没有此一"明"。我们所明的，则不是此一诚。不诚也就无明，无明也就不诚，只学得非驴非马，不三不四。我们乃变成了一种"不成品"的人。物都有品，如此刻喝茶，茶亦有品。我们的教育宗旨，该教我们中国人都成"品"，都成一个真确的像样的中国人。但我们今天最高最后的教育历程，都是送给外国人去教。他们所教，未必全是我们所要学。一旦学成回国，对中国社会一切不满，安住不下去，结果还一心想去外国。若使他得意了，要在中国有所变，也只想把中国变成外国，把中国人全变成外国人，而又急切不可能。或许传宗接代，经过长时期，慢慢儿能变成如他之所理想，然而这究非我们中国人内心真诚之所求。我们今天所最侥幸的，是中国还有七亿人，今天报上说，到了西历纪元两千年，中国要有十亿人，人多了，变不掉，将来总会要复兴成一个新中国。

五

上面讲，第一要懂得历史。第二要懂得教育。第三所讲，诸位不要怕，乃是我们要懂得"保留"。今天中国所剩下的东西，已然很少很少，我们该懂得保留，再不能丢。诸位只要到现在的故宫博物院去一看，这里有许多中国的旧东西，几百年几千年的，保留到今天。这些显然是中国的古器物。又如在台湾，台南的郑成功延平郡王祠，嘉义的吴凤庙，这也可十足代表中国文化在台湾有其甚大的历史意义，与教育意义。使我们能回忆到旧台湾，才可以希望有新台湾。新台湾正从旧台湾来，旧的台湾，我们该懂得保守。

美国华盛顿，有华盛顿的铜像，纽约有自由神。法国巴黎有拿破仑凯旋门与拿破仑墓。英国伦敦有西敏寺和白金汉皇宫。我们不能只看重马路、洋房、电灯，那些是新的，我们全可搬来。但人家还有旧的，我们搬不来。我们并不是不要进步、不要新，但我们旧的也要懂得"守"。我们有了旧历史，才能从旧历史中创出新历史。我们若要从无历史中创出新历史，那事实在太渺茫，太无把握了。

近代中国，最有眼光见识，可以来领导我们中国人如何向前的，我们不得不首先要提到孙中山先生。中山先生的"三民主义"，第一就是讲民族主义，直从尧、舜、禹、汤、文、武、周公、孔子一路下来，后面可以有郑成功、有吴凤。若使我们把全部中国历史都忘掉，完全不知，我们没有接受中国传统文化的教育，则中国古人之所以是一中国人，只是一个血统的，而非文化的。只有血统上的中国人，没有文化上的中国人。或许说，血统上的中国人还要得，文化上的中国人便要不得，那问题实在太大了。由父母生子女，那只是血统的。必要加上教育，然后接上文化。我们要有理想的真正的中国人，那么要有"历史教育"。中山先生讲过一个譬喻，说世界大同是我们的理想，像一香港码头工人，买一张马票，放在他随身竹杠里，而这张马票中了头奖。他一天高兴，想此后不再要作苦工挑东西，拿这竹杆丢在海里，这张头奖马票，也一连丢了。固然我们希望将来世界大同，然而今天的我们，则要以一个中国人身份来复兴中国，然后再能来领导世界。说得谦虚一点，能来参加这个世界进入大同。我们先不能不要中国，不要做中国人，这是显然的。

中山先生讲的第二个是民权主义。中山先生只是推翻了满清政权，但并不曾要推翻中国全部的传统政治。世界上任何一个国家，也必各有其一套自己国家的政治。即说民主政治，英国有一套，美国有一套。西方只讲"三权"，而中山先生要讲"五权"，要有监察权、考试权，这是从中国历史传统中来的。中国历史上，古代就有汤武革命，中山先生并没有只学西方，只学美国华盛顿，来提倡广东独立。在我们中国人的历史传统里，我们今天，也只有反共复国，并不该有台湾独立这件事。我们只能由历史来接上时代，适应时代，不能把时代来取消历史，摧毁历史。辛亥革命，一面是接上时代，但同时也保留了历史。那时许多军阀割据，中山先生说他们是封建头脑，当然并不是说中国社会还是一个封建社会。若使我们今天要来一个台湾独立，这也不是封建头脑吗？那时的军阀们，岂不也想到前面一番新的，却没有记忆到从前这个旧的。诸位不要认为旧的便一无价值，在中国历史上，封建割据则无不失败，这不是一番明白的教训吗？

我们再讲到中山先生的"民生主义"。今天的世界，有自由资本主义，有共产主义，但中山先生所理想中的新中国，并不是要一味抄袭人家，他只是根据着中国的历史传统，文化传统，而来一个新适应。所以他所提倡的"民生主义"的新社会，要节制资本，而并不是要打倒资产阶级，像共产党那般的说法。但也并不是一味模仿抄袭西方资本主义的社会。

诸位大家都研究中山先生的三民主义，便该懂得要连接着我们的历史传统，文化传统，自本自根，有自己的一套。要把历史来接上时代，千万不当凭时代来摧灭斩断了我们的历史。中山先生对于国家民族文化，当然有他的"前瞻"，但同时也有他的"回顾"。我们就该接受中山先生的指导，来仔细研究，继续发挥。我们该懂得如何来做一个中国人，来创造一个新中国。诸位当知，尧、舜时代的中国人，和文王、周公时代的中国人有不同。文王、周公时代的中国人，又和孔子时代的中国人有不同。孔子时代的中国人，和后来汉、唐一路下来的中国人也不全同。今天我们是民国六十年代的中国人，我们固是要现代化，但不能把现代化转成为非中国化，把中国的一切都在现代中化掉了。我们当然希望政府能来建立一种民族文化的新教育，在这里，当然要接受很多新知识，迎上新潮流。我们自可派遣青年到国外去留学，我并不在反对这些，只是我们的重心应放在中国。不能说中国都不对，中国教育最多只是一种预备教育，预备中国青年到外国去留学。更不说留学外国了可以不回中国来。这是不是时下流行的一番想法呢？这实在值得我们之反省与警惕。

六

今天诸位在此地来接受一番训练，也总希望能由国家的理想，国家的精神，来造成为中国现代的新军人。但同时也要诸位做一个历史军人。这双方并不是不能兼顾的。但这些都是从大的公的方面讲，现再讲小的私的方面。我们每一人，今天当下都应立志要做一个中国人，要做一个像样的中国人。这该从哪里做起呢？便该从各人的"自我"本身上做起。从我一个人来做成一像样的中国人，这也并不是只爱国二字便够。我们要有一种"文化的智慧"、"文化的理想"，我们要懂得中国人有中国人之"品"。这个问题精细讲下是颇为复杂的，但我们总是不能不成品，如说我们不能不及格。

最近英国有一个调查统计，问英国人愿意留在英国的，和希望跑出英国，到别国去的，统计的结果，五分之二不愿留在英国，希望有一机会做一个不是英国人。这里自也可见中西双方文化有不同。中国人到美国去，一百年以上，还是个唐人，还不忘中国。这不是哪一方对与哪一方不对的问题。我们还得要讲到中山先生这个苦力与竹杠的譬喻。正为那苦力的竹杠里有一张头彩的马票，这是中国人的传统文化。诸位今天要骤然改变此传统，放弃此传统，其实也并不省力。因为我们的今天，有许多从昨天来。如我们台湾，至少从郑成功、吴凤一路到今天三百年，才成这一个台湾。台湾人来自福建、广东。福建、广东人历史尤更长远，中国人的历史是深厚的。中国人的品格，不妨说中国人的气质，生为中国人，就是这样，有其悠长的文化传统在每一人之心性深处。我们今天要学别人，或者像毛泽东，学马克斯、列宁、史太林，但此事不容易。我们该回头向自己看，我们该唤醒我们的记忆，能记得能知道得我们的过去。今天的我们呢？似乎犯了一个时代病，只懂向外看，向别人看，不肯向里向自己内部看。只懂得要新，不懂得要旧。我们的家庭，是一个旧家庭，父母吃尽辛苦，节衣缩食，送儿子出国去留学，这还是一个旧中国的旧家庭。而儿子出国去了不回来，那才是新中国的新家庭。现在有许多人在国外成家立业，还得我们待在国内的大家羡慕。但如此般的新家庭，将来究竟会如何般好法，我们此刻还是无把握说得定。但旧中国的旧家庭，若能唤醒记忆，让我们知道一些，便会感觉到此刻全部丢了，那实在是可惜的。

今天西方科学一天天发达，宗教衰落，他们说上帝迷失了。今天我们的中国，也有一种迷失，而成为危险和可怕的，是"中国人"的迷失。在这世界之明天，将会找不到中国人。当然我指的是"文化"的中国人。若说我们学了一套科学，回来没地方用，但用不到一百分，能用十分二十分在祖国，也会得益无穷。在国外学的太高深了，且放一旁，先把粗浅的、能用的来贡献给祖国社会，且莫迷失了自己，那不还是损失小的，还保留着大的吗？若果迷失了自己，则一切无可讲。

今天我这一讲，一方面固要我们向前看远景，一方面也要我们回过头来看自己，看我们切身亲近处。若是只看远景，可能也会很可怜。就如讲留学，一个儿子娶了外国媳妇，一个女儿嫁了外国女婿，这在今天，已是一件平常的事。我们往前再看三十年五十年，岂不连这一个家也没有了吗？家都没有了，国又在哪里，民族又在哪里？我们这样一套四五千年可宝贵的文化传统，不将就这样糊涂地丢掉了吗？这实是非常可惜的。我们要变、要新、要追上时代，这些都不错。可是我们还要有一个大原则，要我们回过头来看一看自己。要认识你自己，认识一个昨日之我，认识我们昨日的中国人，昨日的中国，乃及昨日的中国文化传统。大的一时无从讲，且从小的从我们各自个人讲起。

今天在座诸位，倘也有子女要送到外国去留学，我劝诸位应该好好先教训他们一番，说希望他们将来一定要回祖国来，我们为父母的会常纪念你。不要尽说"我们纵使没饭吃，你可不要分心纪念我们，尽该安心在外，成家立业，我只希望你学问前进，学做一时代的新分子新人物，不必定要回祖国"。同样是一番话，同样是一番心情，一新一旧，那其间可能发生莫大相异的影响。诸位莫尽自私自利，尽为自己子女前途着想，更不为国家民族文化着想。诸位也莫要尽尽父母之慈，却不望子女以孝。那一转念，在诸位是极容易做到的事，诸位有没有此决心呢？诸位有此决心，送子女出去时，要这样讲，以后和子女通信，也要反覆这样写。你说没有用吗？总是有用的。十家子女，有一家的子女毅然回国来，这就影响了其他九家，慢慢儿中国就会有办法。而且在诸位乃及诸位的子女，也没有大损失。在时代风气之下，我们该有一抉择，这是我今天要向诸位讲的话。

十三　复兴文化之心理条件

一

我今天将暂时作一结束，作最后的一讲。下边暂停一个时候，或者另换一个讲法，再在这个班上继续的讲。

今天的讲题是"复兴文化几个心理的条件"。一切事业之成功，都得有条件，最重要的条件，却在我们心里，一定要从我们的心里发出。所以心理条件，是我们完成任何一事一个最要的条件。复兴中国文化，这真是一件大事，我们要完成这件大事，在我们心理上，该具备一些什么条件呢？我今天是讲这一个题目。

第一条件最重要的，我们该有一个"信心"。我们第一该信我们中国人，乃及我们中国，一定可以长久存在于这个世界上。在无论任何环境、任何状况下，我们中国人，乃及中国一定可存在。为什么？我们只要举三点来讲：

第一，疆土之广大。

第二，人口的众多。

第三，历史之悠久。

在全个世界里，上面三项中国都占第一位。为什么中国能如此，我们且不讲，但我们只照这三点，就可证明将来我们中国人与中国，一定还是要存在于这个天地间。

我们讲到第二信念。既然中国人与中国可以永远存在，换句话说，即是中国文化也可永远存在。我们可以这样说，中国人与中国，何以能到今天，有这样长的历史，广大的疆土，与众多的人口，完全由中国文化所造成。那么就可证明中国文化一种内在的价值。我们纵不能详细指出这个内在的价值在哪里，可是我们可以看，五千年来中国到今天，那不就是这个文化价值之所在吗？以前这样，也可想以后，只要有中国人与中国存在，那么我们中国文化当然会存在。换句话讲，只要中国文化存在，我们中国人与中国也会绝对的存在。

为什么要提出这样子的话来，要我们大家今天的中国人，都要先有这样一番的信心呢？正为我们今天正处在一个很艰难、很危险的环境之下。但我们也可以说，我们中国人与中国，这四千年来所经过的艰难危险，不晓得多少次。我们只拿历史来看，中国不是一个未经艰难、未经危险的民族。就讲最近，这一百年来，或者就讲我们民国的六十年，我们已有了不少的艰难与危险。我们这六十年来一部民国的近代史，几乎就是一部艰难危险的历史。我们从这样惊心动魄的艰难危险中，到有今天，我们还是存在，还是中国人，还是中国。远的讲，四千年的大历史；近的讲，六十年的现代史，我们都经过了。我们并不觉得可怕，以后我们再有危险的话，我们当然不应该胆怯。我们要问，为什么我们中国人，能战胜历史上从古到今所碰见的这许多艰难危险而仍然屹立？我只有一句话回答，就因为我们文化的伟大，有其内在的价值。诸位或许会问，中国文化既如此般伟大，有看不见说不出的价值存在，为什么还要遭到这么多的艰难危险呢？这一问题，我们一部历史，不能从头讲下，可是只拿我们最近的一百年，或者最近的六十年来讲，我可以说一句，我们碰到种种艰难危险，有一个最大理由，或说最大原因，就在我们这一时代的中国人对我们自己的文化传统失却了一种"自信心"。也可说："一切艰难并不真艰难，一切危险并不真危险，最艰难最危险的，是我们这个自信心之失落。"我们不能恢复我们的自信，那么我只见会有更艰难、更危险的在后面。

二

从我们大陆中共讲起，他们占据大陆，同胞们水深火热，到今天也已二十多年。这明明是我们自己的事情，就在我们失却了对我们自己文化的自信，于是乎才会去信仰马克斯、列宁的共产主义，认为只此可以救中国，这不是我们当前实例，最可用来说明我上面的所说吗？我们八年抗战，对抗日本帝国主义之侵略，当时我们并不怕。然而八年以后，共产党的猖獗，我们便没有了办法。这只在我们本身，只是我们中国人自己内部的事情。也可说，这是从我们中国人自己心里发生出来的事情。

今天以后，这个世界上的一种所谓"姑息主义"，到处在猖獗。这一种姑息主义，产生于我们自由世界这一边，起初从英国、法国，现在蔓延到美国。最近我们或许会看到到处在讲"两个中国"，这种荒谬的言论，而且要见之于事实，这不是我们将会处在一个更艰苦、更危险的状态之下吗？但是风浪只是风浪，水流还是水流。水的流与其外皮的兴风作浪是两件事。风浪是外层，水流是本身。今天大陆共产党要毁灭文化，我们这一边要复兴文化，两个显然不同。那么我可以告诉诸位，代表中国人，代表中国的只就是中国文化。不仅中国文化可以代表当前的中国人与中国，还可以代表中国历史，代表着我们历史上四千年来的中国人与中国，这是一个最大最明白的实事与真理。今天的西方人，看不准这番实事与真理，他们认为，只从疆土人口讲，邀请大陆中共跑进联合国是应当的，这都是从物质上数字上起念，这也是一种"唯物论"，而且是一种虚伪的唯物论。

诸位要知道，说我们是个中国人，这并不从科学上、生理学上、医学上来讲，我们之所以得自认为是一个中国人，就因为有中国文化传统在我们的身上。简单讲一句，代表我们的是中国文化，既不是科学，也不是政治法律能讲得明白透切的。中国文化在哪里？就在我们中国人的心里。我们的心在哪里，就是我们的力量在哪里，亦就是我们将来的前途在哪里。固然今天大陆统治着七亿人，但此七亿人的心在哪里？可能他们也不都在我们这一边，并不全都希望我们政府回去。但我们要知道，他们的心，还是在中国人与中国上，这是谁也不能否认的。只有极少数人存心要毁灭中国文化，若讲到内心深处，大陆和我们一样，他们心里还是有一个中国文化，正因为中国文化就代表了我们中国人和中国。若使中国文化没有了，中国人就变成有名无实，最多是有血统上的中国人，更没有历史文化上的中国人。中国两字，也只是一块招牌。我们已经讲过，文化有短命，有长命。中国文化是长命的，因此中国人与中国，还要存在于天地之间。若我们此地今天真能上下决心复兴文化，我们能跟着复兴文化的大原则来实践，我们就会发生一个极大的力量，大陆七亿人口的心，都也是我们的力量。

三

但我们又该怎样的复兴法呢？我想我们首先要弄清楚，复兴文化不是一个理论，也不是一个知识，乃是我们一种"行动"。这种行动，是我们自己的，是我们每一个中国人的。所以要复兴文化，不仅要有"信心"，第二还要有"决心"。我们要复兴中国文化，既是一个事实，一个行动，也不是在看别人行动，乃要我们自己行动，那么就该从我们每一个人的心上开始。诸位说：我一个人决心要复兴文化有什么用？但不知，大家都是一个人，大家都有一条心，复兴文化是大家的事，是每一人的事，就得从我们每一人开始。明末顾亭林先生说："天下兴亡，匹夫有责。"那时的中国人，经受到的艰难危险，或许比我们今天要大得多。满洲人跑进中国，中国整个亡了。而顾亭林先生说，一个国家的兴亡是小事，天下兴亡才是大事。他所说的国家，乃指政府的政权；他所说的天下，乃是我们的民族与文化。"民族文化"的兴亡，我们每一人，匹夫匹妇，大家有责任。"兴"的责任在你。"亡"的责任也在你。我们今天又要来用到这句话。

今天要来复兴文化，该从我们每一人下决心做起。大家是一人。大家有一心。从一人可以影响其他人，人心可以散布开去，亦可以凝聚团结起来。心的凝聚与团结，就成为一种"时代精神"，也就是我们的民族文化精神。力量其大无比，无法用一个物质上的数字来计算来衡量。说台湾有多少人，大陆有多少人？台湾地方多少大，大陆地方有多少大？这些只是一种虚伪的唯物论。我们要从"人心"之能凝聚团结，连把历史上的心也凝聚团结，发生一种最大的力量。或许地面越小，人口愈少，凝聚团结便越容易。譬如一盆火，盆子小，容易旺。盆子大，火就难发，又烧不旺。从历史上看，我们几次到了极危险艰难的时候，每从一个小地方发生出新力量。这个力量，并不是在全国各地同时发起，只在一个地方发起，而每易在小地方发起。诸位是军人，国民革命军北伐，还不是从广州黄埔一个小地方发起的吗？大家集中到一个小地方，地面小，人口少，而这力量却发生了。今天的台湾，天造地设是一个孤岛，正是我们复兴文化的一理想基地。只要我们下决心。

我们从另一方面讲，近代的中国人正为没有了文化的自信心，而陷入了这个艰难危险的深坑里边去。在清末，我们想学日本，想学德国。后来我们想学英国、法国。再后来想学美国。而中共则想学苏维埃。正为我们失掉了自信，所以只想模仿抄袭学别人。今天已经走绝了路，或许我们还有一般人，还没有彻底觉悟，认为我们学美国，可以战胜了他们学苏维埃，没有懂得"反而求诸己"。但目前实已到了各路都断了，无路可通，只有回过头来学自己。"复兴文化"才是救中国，使我们再做一中国人的唯一可行之路。我们在这样情形下，该下一决心。其实决心就是信心，有了信心，开始实践，一步踏上，就是决心。

于是第三，我们再要有一个"坚定心"。不转不退，不摇不惑，前面只有此一条路。《大学》上说："知止而后能定，定而后能静，静而后能安，安而后能虑，虑而后能得。"我们要能定、能静、能安，才能来考虑一切问题，使自己聪明显露发越，而后始能有得。最先便是要"知止"。我们这一百年来，平心而论，哪一个不爱国，哪一个不奋斗。可是到今天，一无所得，正为我们不懂得知止。中国人就是中国人，这是我们一个大本根，离此本根去学外面，忽此忽彼，这心没有一天定下，没有一天静着安着来考虑，那样如何能有得？一切事情，我们该先懂得要站定在一点上，不能摇动。坐也坐在这上，跑也要从这一步跑起，跳也要从这一点跳起。今天就要我们在"文化复兴"这四个字上停下。下面千变万化，惊风骇浪，不断地来，我们心先定下了，静静地，安安地，来考虑应付，这样才能有所得，所以我们又要有一个坚定心。

再进一步讲，第四，我们要有个"诚心"。诚是要"内外合一"。外边的言与行，要和内面的心相合一，诚又要"始终合一"。开始这样，最后还是这样。我们这一百年来，全国人心，彼此不合一，始终不合一。虽说是大家为爱国，要救国，表现出来实像是心不诚。一路翻滚，一路冲突，像是在自捣乱。我们该要同心合力贯彻始终。特别重要的，在要使我们的"心"和"理"合一，我们才能内外合一，前后合一。所以中国古人讲一"诚"字，同时又要讲一"明"字。但有了诚心，才能慢慢儿到达一个明。明白了，也才能慢慢儿到达一个诚。在我们所谓诚的中间，有一种"明慧"和"理智"的成分。不是说纯感情，或纯意志的。我们要有一个明慧与理智在里边，才能"立诚"。

我在此同诸位讲中国文化精神已有十多次，主要都从理智方面讲。我们明白了中国文化之伟大，才能建立起信心，才能有诚。但反过来讲，我们有了这信心与诚，我们也自能走上真明白的路上去。所以我们讲诚，可从两方面讲。一面是开步走，要诚心诚意来复兴文化。至于怎样的复兴法，那么有了诚心，自会慢慢儿懂得心诚求之，鬼神通之，自会明。那是说起步的诚心。待我们有了明白，知止而后能定、能静、能安、能虑、能得。由我们的明慧理智，再跑到这个诚字上，这是一个到家的诚。所以，从头到尾只有一个诚，明与不明且暂不论，最要先办一"诚"。我有一个朋友，也在军队里服务，他有两个儿子，一在美国学理科，一在中学毕业要考大学了。他并不是已懂了中国文化，但他喜欢读中国书，要进文学院。他父母极力劝阻他，进文学院，将来无出路，要吃亏，应该进理学院。用尽种种方法相劝，但儿子坚定要进文学院。他们父子同来看我，经我一番劝譬，那父亲明白了，回去告诉他妻，也答应了。我说：我还没有看见过有这样决心的年轻人，我愿尽义务指导他。当然为父母的，都诚心要为他儿子谋出路，但出路也不只一条。多年前，我同一个日本学者谈话，我说，我们中国青年都喜爱学理科，不肯学文科。那位日本学者说，日本也一样。可是他下面又说，只有家境好的，不一定要为儿子谋生业，才许进文科。但我们就是家境好，还希望儿子学理科。我刚才讲的那位朋友，家境并不是很好，然而终于接受他儿子的意见，让他学文科，我想这也是他的诚。也已是由诚而明，又是由明而诚了。

若使我们每一人，有此一诚心，对儿女们也该教其诚，希望他们同来参加复兴文化的工作。喜欢理科，让他到外国去；喜欢文科，让他留国内，不一样吗？若我们只关心儿女将来的生活与职业，并没有关心到国家民族当前所需要的各方面的人，这也可说其心不诚，因他并无一个诚心为国家为民族。最多他诚心为儿女，而强违儿女所好，仍是心不诚，为其子女前途，仍然想得不周到。我们若各从这些处反过来想我们自己，或许我们都有子女进学校，这就是我们该值得考虑的一点。就是朋友相处，对社会，我们也不能只看他到外国，或是有高职位，就看重。为国家，为民族，天下兴亡匹夫有责，我们可以各尽我们可尽的一份责任。如我们每一人，各在心上一变，我们的社会风气就会跟着变，这力量不大吗？诸位不要看自己只是一个小人物，对国家社会不可能有什么大贡献。只要我们各人心里有一个诚心为国为民族，这自然会碰到很多问题在表现其力量。若说这些力量小，大力量就从小力量来。这些看不见的小力量，可能会成大力量。

　　上之所举，虽然是一些极平常极零碎的事，只要我们有一番诚心，在极不相干的地方，也可以表现出力量。我有一次在台中火车站等火车，碰到一个认识的人，讲他的儿子考不取大学，要去从军。我说你不要心上苦痛，在军队里也很好，做人不是定要进大学，进军队也有好处。我这几句话，至少使他家庭解了一个苦闷。他儿子进军队，也觉得很开心。旁边适有两位军人，听着也很高兴。觉得做军人，也无愧于我们的做人大道。这么一番话，也有其作用与贡献。诸位只要心诚，天下兴亡，有我的一番责任。我只要有一个"诚心"，自然有讲不出数不清的种种力量，与种种贡献。

四

第五种，我们还要一个"虚心"。不计较，不打算，不许夹杂一切功利观念，让其盘踞在我的心里。刚才我讲那两位父母为儿子计划进大学的事，他们的心就不虚，定要儿子进理科，正为夹带有其他打算，其他计较。这些都是他们的主观。儿子喜欢文科，为什么不让他进文科。这因先有一个主观在那里。我讲虚心，先不要贪，父母见儿子聪明，总希望将来到外国一番发达，那是他的贪。又不要慢，傲己慢人，却被自己私见作了主。大概人贪的就易慢，慢的也易贪。这都是我们的心不虚。若我们要讲复兴文化，先要养成一个虚心，不要有一切成见，不要有一切主观，不要一切自以为是，一心只在尊重传统文化上，一心只要复兴文化。心一虚，自有很多聪明很多智慧产生。今天我们的言论讲话，我觉得有一大部分都是心不虚，有成见，自以为是，讲成一番大道理，而实未接触到己心。

再一层，我们要有"耐心"。知止而后能定、能静、能安、能虑，这就是一个"耐"。所谓"任重而道远"，要为国家、为民族，这个担子多重？挑在肩膊上，道路又多远？今天我们的国家民族，真是在艰难危险中，向前走上光明的路，不是一转眼的事。诸位当知，我们自信的心动摇，一切破坏到今天，最少已经一百年。我们的病痛不是今天起，谁也不能怪谁，我们正是这一百年来时代中的产儿。要我们今天来挽回这时代，要从我们每一人每一心上做起。哪能不要备具一番耐心呀！

诸位莫谓人同此心，心同此理，为自己国家民族文化求复兴，其事轻而易举。当知前面道路必然遥远，惊风骇浪，千曲万折，不晓得前面究有些什么事。如我上面举例，那两位父母让他们儿子去读文科，这不是一两年，乃至十年八年便见成绩的。该对自己孩子有信心，有耐心。这是一件小事，犹如此，今天是为国家民族，理论是如此讲，我们真希望各方面都要有大圣大贤，大伟人出来领导，才能救我们百年来之困厄，使我们中国人与中国得再放光辉，使我们文化再复兴，这真是一件大事，要我们每一人大家耐心等待着。否则在此长远途程中，会随时发生怀疑、摇动，甚至使前功尽弃。若我们真有耐心，只有一条路向前，那亦无所谓耐不耐。

以上已讲了六点。第七点还要我们有"牺牲心"。在今天的情形下，没有牺牲精神，什么也谈不上。诸位是军人，试想如岳武穆、文天祥，中国历史上许多民族英雄，他们处在何等艰难困苦的环境中，使我们的文化直传到今天。从浅处讲，要不急近利。今天拿出本钱，不能明天就要利息。又要不慕虚荣，不怕寂寞。那些都是条件。今天我们经过蒋公提倡，大家都在讲复兴文化，但复兴文化起步时，实是一件寂寞孤单的事。要在每一人心里，有决心，有耐心，慢慢儿一步步来。不要怕人家笑，不要怕人家冷淡，我们要看清楚外边一切，又要看清楚自己一切。又要看轻这外边和自己的一切。真像把自己作牺牲，来贡献于复兴文化这一件神圣事业上。我们这六尺之躯，既肮脏，又龌龊，这个百年之命，又很短暂，并无什么了不得。能拿来贡献于这一个庄严圣洁的神圣事业上，岂不值得？诸位要抱这样一个心，我自己的一切都可存而不论，这就是虚心，也就是牺牲心。

五

特别重要的，我要同诸位再提到最后的第八点。我要诸位大家讲一个"羞耻心"。"不知耻"，是"大耻"。我所以今天要最后提出这一点的原因，亦因为诸位乃是一军人。中国文化传统中的军人教育就要教你懂羞耻。军人的武德定要勇。中国古人说，"知耻近乎勇"。换言之，不知耻，便不能勇。所以说"明耻教战"。不明羞耻，这个军队必然无用，不能战。今天我们的中国和中国人，一百年来常在羞耻中。小学中学历史教科书上讲的近百年史尽是国耻。下边即是要五月来了，五月里的国耻更多。这是讲的外面。讲到内面，我们祖先四千年传下这一套光明灿烂的文化，我们把它丢在一旁，只懂得学外国，学到一点皮毛，就目无古人，认为自己了不起。诸位当知，我们如何能八年对日抗战，终达胜利？正为当时我们中国人心里只是崇拜西方人，却不崇拜日本人。认为日本人无何了不得，也不过学了西方。你们学了西方，却来欺侮我们。中国人觉得被日本人欺侮是最羞耻的，所以能举国上下共起反抗。若使我们为西方人欺侮，或许会有许多人认为是应该，并不觉得是羞耻。

孟子说："勇士不忘丧其元，志士不忘在沟壑。"我们可以有一天战死，或饿死，所以岳武穆也说，要"文官不贪钱，武官不怕死"。当知这都从一个"耻心"来。今天我们为国家民族，为自己的文化传统负责任，哪能恬不知耻？诸位是军人，是保卫国家、保卫民族的灵魂，同时即该是民族的英雄，哪能没有知耻心。我们四千年来祖宗传给我们一套文化，疆土这样大，人口这样多，历史这样久，我们堕落到如此地步，请问可耻者究是我们，还是我们的祖宗？到今天，我们要来保卫文化，复兴文化，军人站在最前线，战死阵亡是天职，饥饿辛劳也是天职，这并不能说是一种职业，乃是天下兴亡匹夫有责的一个"责任"，更要则在能知耻，要知道我们可羞耻的在哪里。当然每一个中国人，都应该知耻，都应该有自尊心，而特别是军人，因为在生死存亡的最前线。明耻教战，若不知耻，怎当得起中国当前的军人。

我上面举出复兴文化八个心理条件，最先要有"信心"，最后要有"知耻心"，其实八个条件只在一个"心"上。有了此一心，便有那一心，没有彼此，没有先后，一切则只在我们每一人之这一心上。无甚多话可说。